Ivan Moscovich's

Denkspiele mit Formen

Aus dem Englischen
von Tom Werneck

Mosaik Verlag

Originalausgabe: Penguin Books, Middlesex, England 1986
Titel der Originalausgabe: Mind Benders – Games of Shape

Satz: Filmsatz Schröter GmbH, München
Druck und Bindung: Mandarin Offset, Hongkong
ISBN 3-570-08959-2 · Printed in Hongkong

Inhalt

Einleitung

Probleme und Spiele, die den Geist herausfordern, haben mich schon immer fasziniert. Ich habe Spaß an Denkspielen jeglicher Art, vor allem, wenn sie einen besonderen Kniff oder Gag enthalten. Die, mit denen ich mich am liebsten beschäftige, müssen nicht unbedingt die schwierigsten sein: Manchmal hat auch ein ganz einfaches Denkspiel etwas Elegantes an sich oder es steckt ein tieferer Sinn dahinter, was das Eindringen in das Problem besonders befriedigend macht. Ich habe versucht, für dieses Buch eine gute Auswahl zu treffen. Manche Spiele sind ziemlich einfach, andere hingegen teuflisch schwer. Aber alle machen wirklich Spaß. Ich habe mich bemüht, für jeden etwas zu bieten, damit ich meine Freude an dieser Art von Denkspielen mit möglichst vielen teilen kann.

Das Lösen von Denkproblemen hat etwas zu tun mit innererer Bereitschaft, natürlicher Begabung und auch mit Intelligenz. Die meisten Leser werden die Aufgaben in diesem Buch selbständig lösen können – zumindest eine recht große Zahl davon. Was man dazu braucht, ist gesunder Menschenverstand, geschicktes Herantasten, ein Schuß Logik, mitunter etwas Ausdauer und manchmal auch ein kleiner Geistesblitz.

Es geht dabei ums Denken. Visuelle Erfassung oder mathematische Grundkenntnisse sind nur Teil-Voraussetzungen für das tiefere Verständnis einer Problemstellung. Jeder wird einen anderen Weg gehen, denn schließlich sind es ja die verschiedenen Denkweisen, die uns voneinander unterscheiden und jeden von uns einmalig machen.

Wie auch immer Sie beginnen – ob Sie es mit Mathematik probieren, Analogien heranziehen oder sich durch Versuch und Irrtum vorwärts tasten –, Sie haben eine ausgezeichnete Chance, den meisten Gedankengängen in diesem Buch auf die Spur zu kommen.

Aus langer Erfahrung heraus möchte ich Ihnen noch einen Tip, eine goldene Regel mit auf den Weg geben: Glauben Sie fest daran, die Lösung eines gestellten Problems finden zu können, auch wenn es auf den ersten Blick hin noch so verwirrend und schwierig aussehen mag. Dann werden Sie es auch fast immer schaffen!

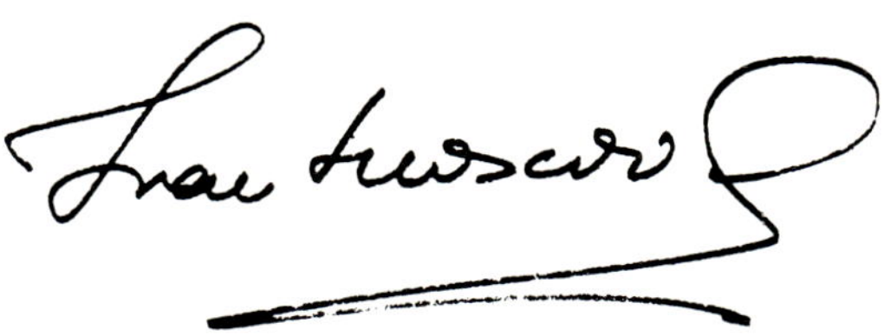

Wie man Probleme löst

Sehen wir uns doch einmal ein paar Vorgehensweisen an, mit denen man sich der Lösung eines Problems nähern kann.

Zunächst versucht man es natürlich mit Logik. Logisches Denken bedeutet, der Reihe nach vorzugehen, indem man die vorliegenden Informationen Schritt für Schritt zur Problemlösung heranzieht. So kommen Sie bei einigen Aufgaben in diesem Buch nur dann zum Ziel, wenn Sie logisch vorgehen. Wie schon der Titel erwarten läßt, ist zum Beispiel *Computergrafik* solch ein Spiel.

Man kann auch den indirekten Weg beschreiten und die Lösung finden, indem man ein Problem eben nicht so anpackt, wie man es gewöhnt ist. Natürlich kommt es immer entscheidend darauf an, wie man normalerweise vorgeht. Außerdem läßt sich diese Regel nicht auf jede Art von Problemen anwenden. Der zweite Teil der Aufgabe im Kapitel *Klötzchen zählen* wird einfach, schnell, leicht und elegant auf dem indirekten Weg gelöst.

Auch das Vorstellungsvermögen ist herausgefordert. Besonders in diesem Buch, da alle Aufgaben grafisch umgesetzt wurden und deshalb nicht nur inhaltlich, sondern auch bildhaft verstanden werden müssen. Sehen Sie sich nur einmal das kniffelige Problem der *Verborgenen Formen* an, und Sie wissen, was ich meine!

Im großen und ganzen sind die Aufgaben in diesem Buch nach vier Gesichtspunkten gegliedert:
1. Das Unterscheiden von Formen in zwei oder auch drei Dimensionen, vor allem wenn sie zerlegt oder aufgelöst wurden.
2. Die Suche nach Drehungen von Formen und deren Lage im Raum.
3. Das Verständnis von räumlichen Veränderungen entsprechend den jeweils vorgegebenen Transformationen oder sonstigen Bedingungen.
4. Das Erkennen und Verstehen von Formen und Mustern, wie sie uns auf Plänen und Zeichnungen begegnen.

Als Einstieg finden Sie auf den beiden folgenden Seiten Musterbeispiele mit Lösungen zu allen vier Kategorien. Versuchen Sie, erst selbständig eine Lösung zu finden. Nur wenn Sie steckenbleiben und wirklich nicht mehr weiterwissen, sollten Sie bei den Lösungen nachschlagen!

Musterspiele

Spiel 1

Ein Puzzlespiel, im Kopf zu lösen: Neun der zwölf numerierten Quadrate gehören zum großen Quadrat und stellen dessen Muster dar. Welches Quadrat gehört wohin? Und welche drei sind überflüssig?

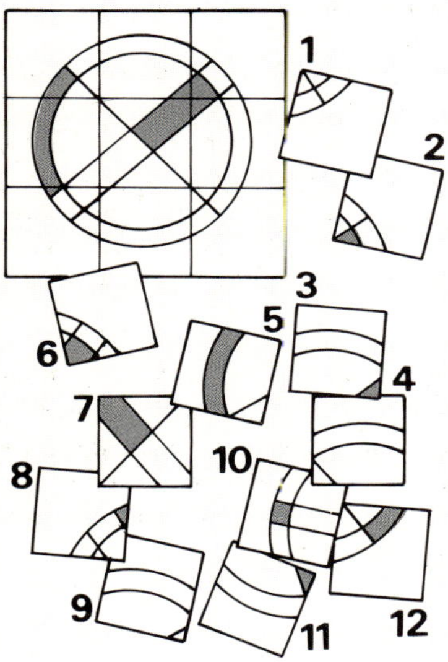

Spiel 2

Zwei Münzen liegen nebeneinander und berühren sich. Wie steht der Kopf, wenn man die rechte Münze festhält und die linke über den Rand der rechten auf die gegenüberliegende Seite abrollt? (Diese Aufgabe erfordert entweder eine lebhafte Vorstellungsgabe oder ein wenig Mathematik.)

Die meisten Menschen glauben, daß nach der halben Drehung die linke Münze auf dem Kopf stehen würde. In Wahrheit steht sie richtig. Sie hat auf dem Weg um die halbe rechte Münze einen vollen Kreis beschrieben.

Spiel 3

Eine Münze liegt in einem Weinglas, das durch vier Zündhölzer symbolisiert wird. Man darf zwei – und nur zwei – Hölzchen bewegen, um die Münze aus dem Glas herauszuholen.

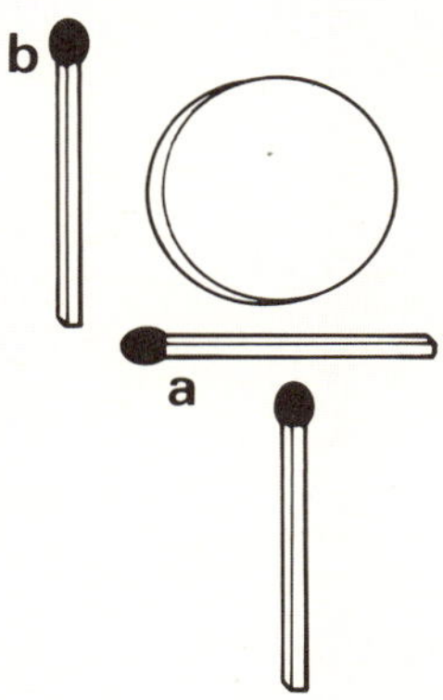

Spiel 4

Stellen Sie sich vor, Sie lägen unter einem Glastisch und könnten über sich sechs Gegenstände sehen. Sie erkennen die Umrisse. Außerdem wissen Sie, daß folgende Gegenstände auf dem Tisch stehen: ein Ball, eine Vase mit rechteckigem Fuß und einer ovalen Öffnung, eine hohle Kunststoff-Pyramide, eine Gießkanne mit Brause, eine Glocke und ein Stern auf einem Ständer. Welcher Umriß ist welcher Gegenstand?

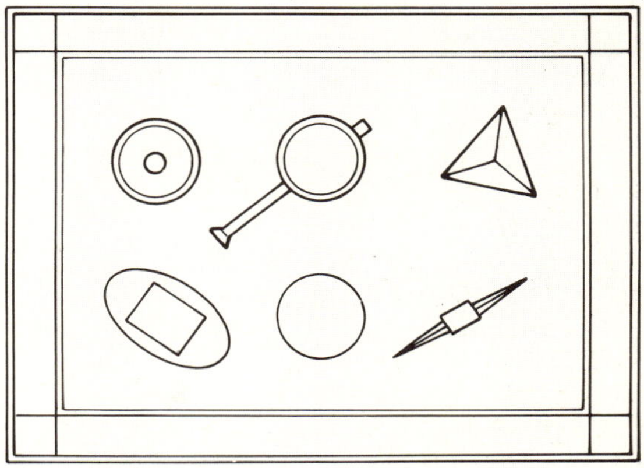

Die beiden Hölzchen, die mit a und b gekennzeichnet sind, werden so versetzt, wie die Abbildung zeigt.

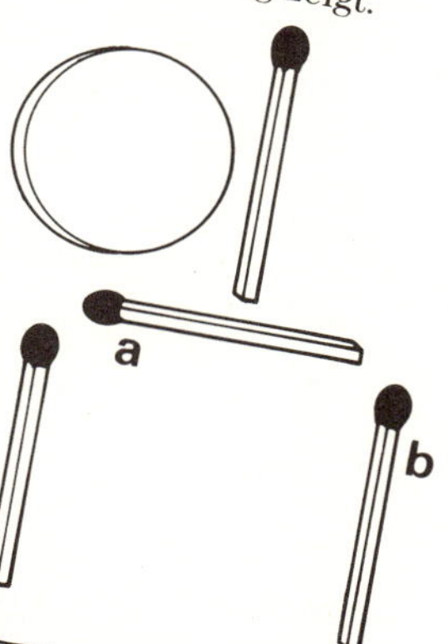

(Lösungen Seite 50)

Verborgene Formen

Formen und Muster tarnen sich oft gegenseitig. Das ist ein Teil des Geheimnisses von Camouflage. Sie sehen auf Seite 8 und 9 sechs Felder mit Mustern und dazu zwölf Formen. Jedes der gemusterten Quadrate enthält mehr als eine der abgebildeten Formen. Wo sind diese in den Mustern versteckt?

Kleine Hilfe: Die gesuchten Formen sind in den Musterfeldern in derselben Größe abgebildet wie die Vorlagen am Rand. Außerdem liegen die Vorgabe-Formen an drei Stellen auf der gesuchten Form auf.

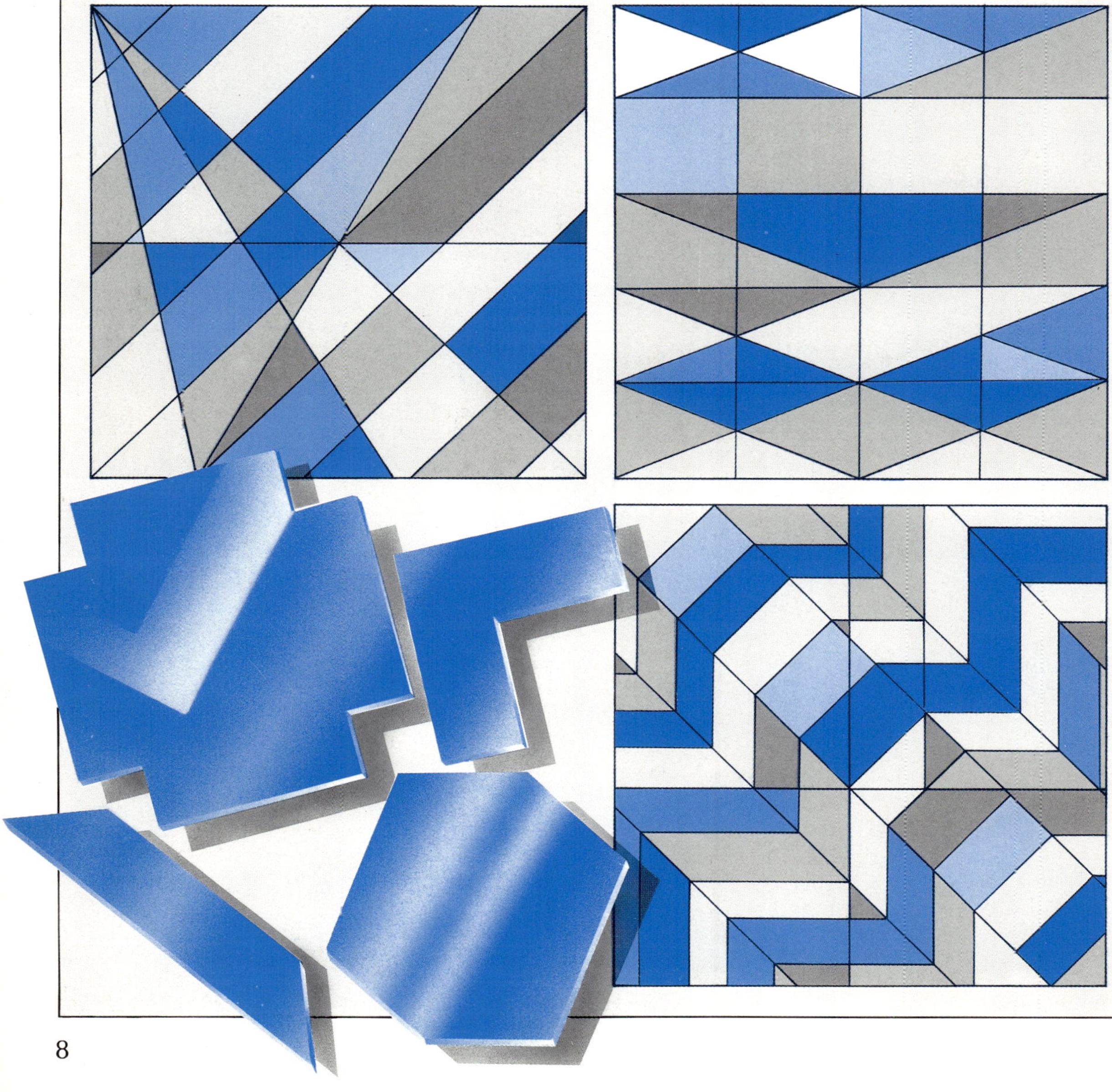

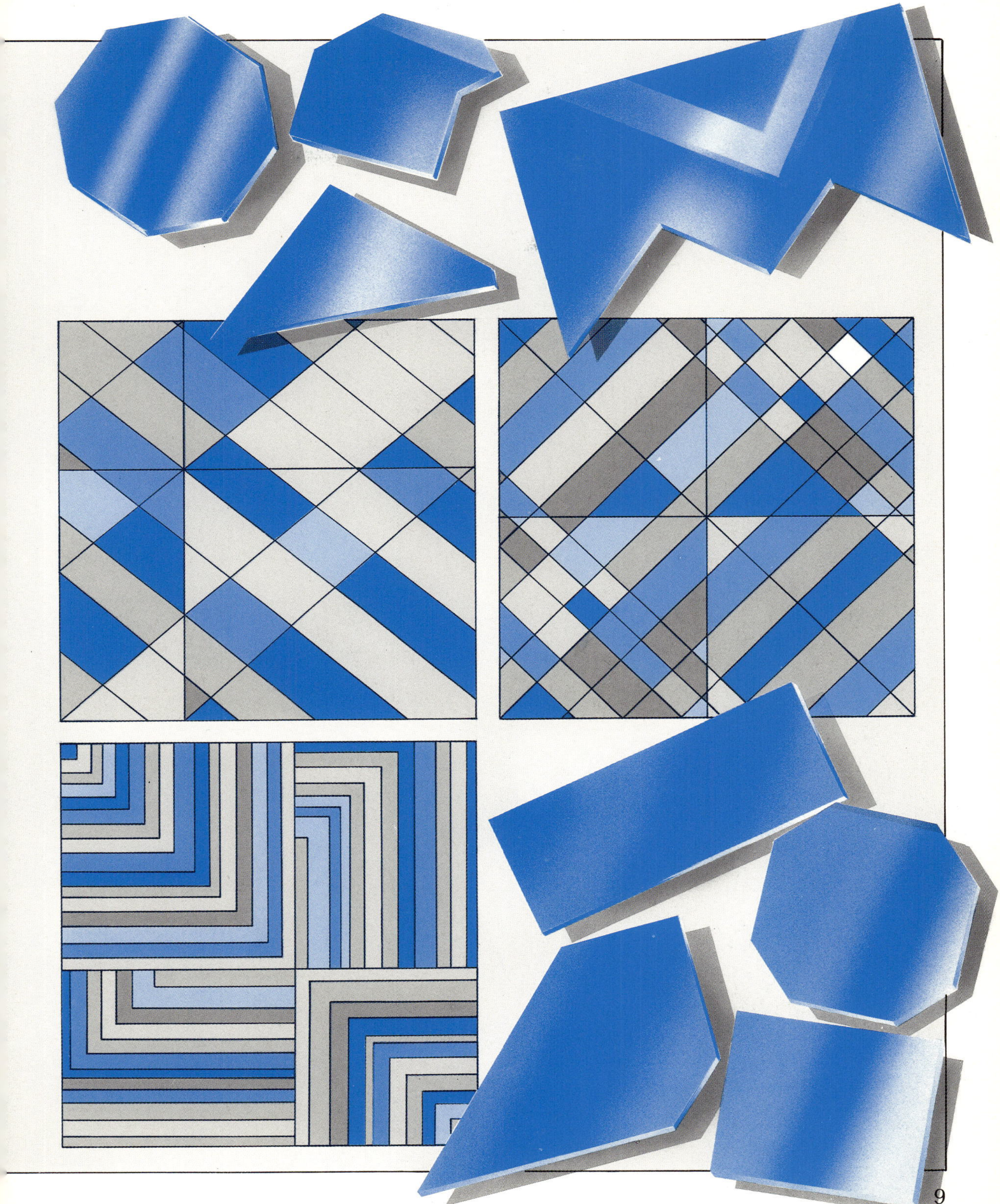

(Lösungen Seite 51)

Linientreue

Dieses Spiel erhält seine Kodierung aus der Überlagerung von senkrechten Spalten und waagrechten Reihen. Was unter 1 steht, bleibt in der ganzen Spalte, was neben A steht, bleibt in der ganzen Reihe erhalten. Doch elf Kombinationen stimmen nicht. Welche sind das? Notieren Sie die Antwort im weißen Feld.

(Lösungen Seite 51)

Quadrathölzchen

Legespiele mit Zündhölzern beflügeln die Phantasie, sind aber manchmal gar nicht so leicht. Bei unserem Spiel geht es darum, aus Quadraten Muster zu legen.

Legen Sie Quadrate aus. Diese können gemeinsame Ecken haben oder sich überlappen. Es ist für jede Spalte und Reihe angegeben, wie viele Hölzchen bewegt und wie viele Quadrate gebildet werden sollen.

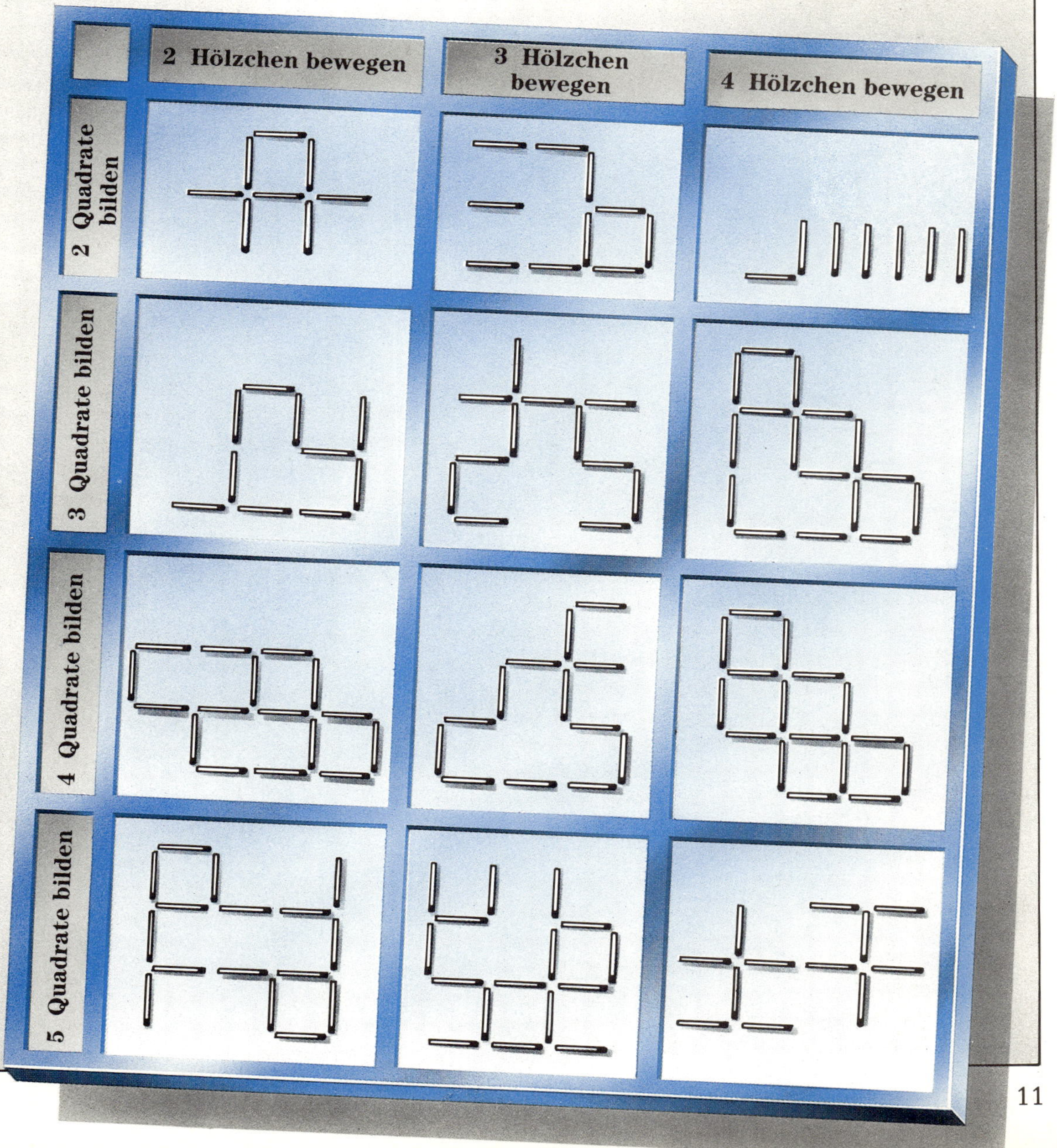

(Lösungen Seite 51, 52)

Durchlaufende Linien

Von Michelangelo, dem berühmten italienischen Maler, wird berichtet, er habe freihändig einen perfekten Kreis zeichnen können. Keine Angst – Ihre Aufgabe ist leichter. Sie sollen endlose Linien verfolgen. Ein Kreis ist ein wunderbares Beispiel für eine endlose Linie, die ein vollständiges Muster erzeugt und endet, wo sie beginnt.

1

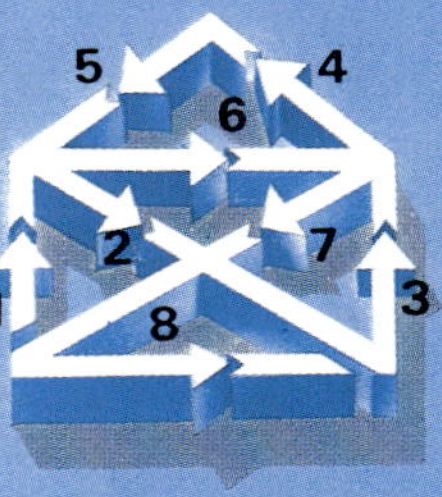

Man zeichnet das Briefkuvert ohne abzusetzen, indem man unten links beginnt und den Pfeilen folgt. Anders als beim Kreis, endet diese Linie nicht dort, wo sie begonnen hat.

2

Zeichnen Sie die übrigen Figuren auf diesen Seiten nach, ohne mit dem Bleistift abzusetzen. Sie können anfangen, wo Sie wollen. Die Linie darf sich kreuzen, es darf aber kein Stück zweimal durchlaufen werden. Bei welchen Figuren endet man am Startpunkt?

3

5

4

6

7

Unmögliche Linien

Auf den ersten Blick ähneln die Figuren auf dieser Seite denen auf Seite 12. Doch es gibt Formen, bei denen es unmöglich ist, allen Linien nachzufahren, ohne abzusetzen, ohne also ein Stück zweimal zu durchlaufen. Ein Kreis mit einem Kreuz in der Mitte (oben) gehört zu dieser Art von Figuren. Auf dieser Seite finden Sie einige Gebilde, die nach den aufgestellten Regeln nicht gelöst werden können. Welche sind das? Und warum ist das so?

11

10

9

8

(Lösungen Seite 52)

Klötzchen zählen

Manchmal möchte man jemandem »die Perspektive zurechtrücken«. Die Perspektive bildet nicht nur dreidimensionale Dinge auf einer zweidimensionalen Fläche ab, sie hilft auch, Teile einer Darstellung gedanklich zu ergänzen, die tatsächlich nicht sichtbar sind. Auf den folgenden beiden Seiten sehen Sie aufeinandergestapelte Klötzchen bzw. Blöcke. Manche Würfel sind zwar nicht sichtbar, aber ganz offensichtlich vorhanden. Es geht also bei diesen Spielereien darum, räumliche Beziehungen herzustellen.

Spiel 1

Schreiben Sie in die weißen Felder, wie viele Blöcke zu dem jeweiligen Haufen gehören. Unterstellen Sie, daß nicht sichtbare Reihen lückenlos aufgefüllt sind, daß es also keine versteckten Hohlräume gibt.

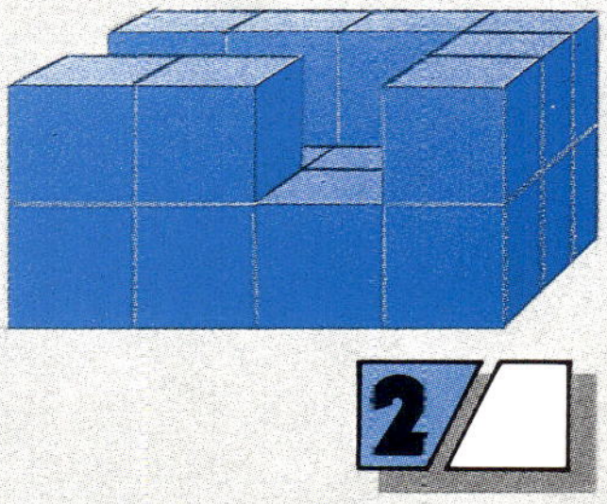

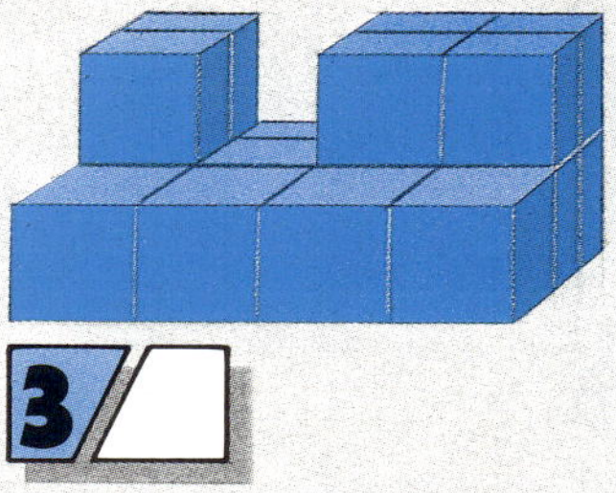

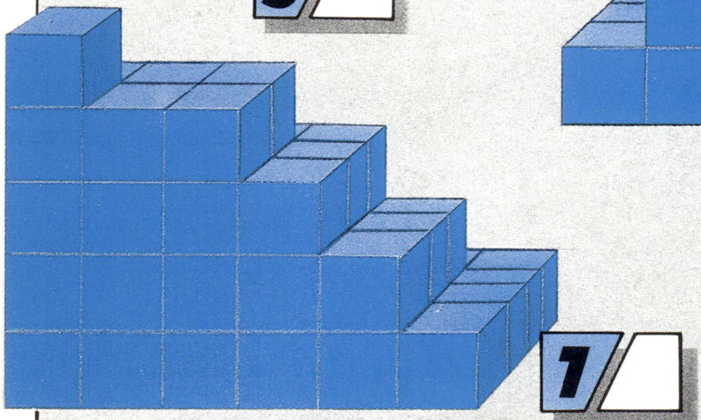

Spiel 2

Nun drehen wir die Situation um: Teile eines großen Würfels fehlen. Wie viele sind es jeweils? Wenn wir davon ausgehen, daß alle Außenflächen eingefärbt sind, so gibt es Blöcke mit drei blauen Seiten, solche mit zwei, andere mit einer blauen Seite und schließlich Blöcke aus dem Innenleben, die gänzlich ungefärbt sind. Tragen Sie die jeweilige Anzahl in die Tabelle ein. Ich habe einen hübschen optischen Effekt als Hilfe auf dieser Seite eingebaut. Finden Sie ihn selbst heraus?

Zähl-Tabelle

fehlende Blöcke	1	2	3	4	5
auf drei Seiten gefärbte Blöcke					
auf zwei Seiten gefärbte Blöcke					
auf einer Seite gefärbte Blöcke					
ungefärbte Blöcke					
Summe					

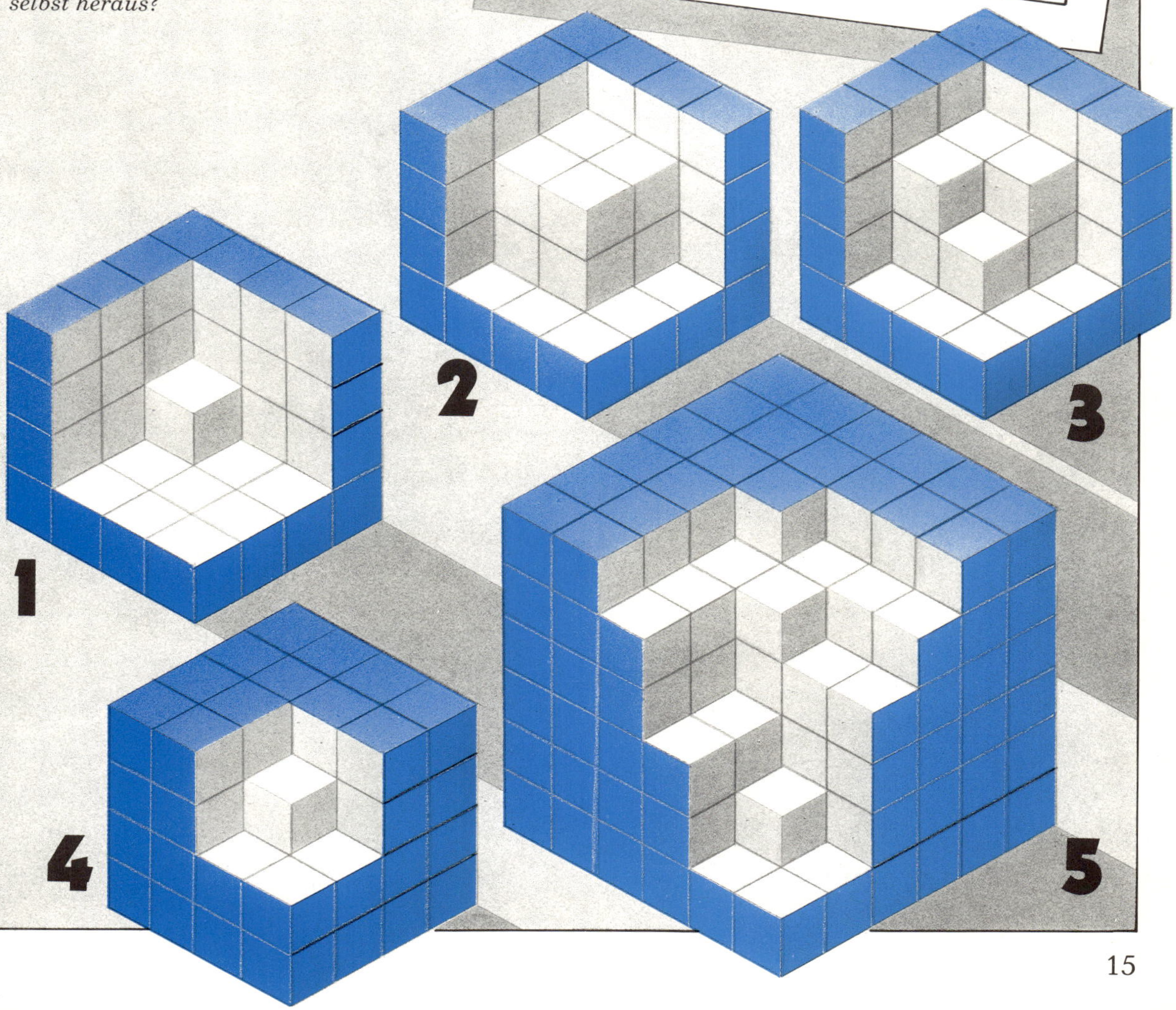

(Lösungen Seite 53)

Felder aufteilen

Bei diesem Spiel geht es darum, Flächen aufzuteilen. Mit Hilfslinien läßt sich zum Beispiel ein Quadrat in zwei Hälften von exakt gleicher Form, also in kongruente Flächen teilen. Die Flächenhalbierung ist auch über Kreuz möglich, wie die Darstellung rechts zeigt.

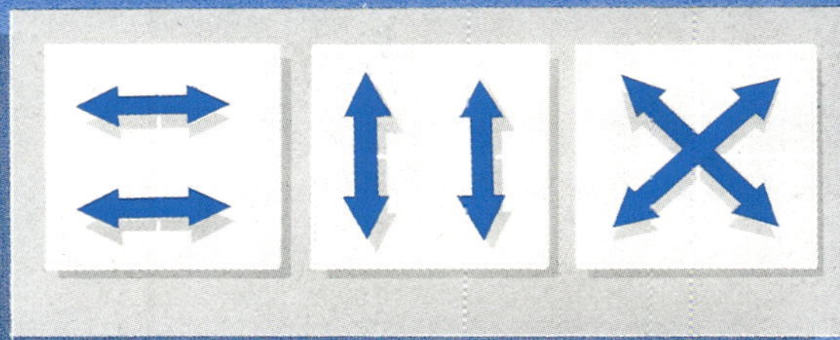

? *Teilen Sie die sechs Felder (rechts) mit Hilfe der eingezeichneten weißen Linien in jeweils kongruente Hälften. Die fünf Flächen (unten) sollten mit Hilfe der weißen Linien in kongruente Viertel zerlegt werden.*
Kleine Hilfe: *Es ist besser, die weißen Linien mit Bleistift oder Kugelschreiber nachzuziehen, als die Flächen anzumalen, weil dies leicht verwirrend wirkt.*

Nicht ganz so einfach ist es, ein Feld mit 6 × 6 Feldern zu vierteln. Man kann vielleicht davon ausgehen, das Feld zu halbieren und diese beiden Flächen nochmals zu teilen.

Teilen Sie mit Hilfe der eingezeichneten Linien die untenstehenden Quadrate in vier Teile. Die Flächen sollen jeweils gleiche Größe und Form haben. In jedem Quadrat ist bereits ein Feld als Muster eingezeichnet. Die Aufgabe ist nicht schwer, wenn man systematisch vorgeht und einen Blick dafür entwickelt.
Kleine Hilfe: *Beachten Sie die Gemeinsamkeiten der neun Mustervorgaben.*

(Lösungen Seite 54)

Würfelprobleme

Einen Würfel kann man auf dem Tisch drehen. Dabei zeigt er viermal in eine andere Richtung, ohne daß er dabei gekippt wird. Jede senkrechte Fläche kann also vier Richtungen haben. Der Würfel hat sechs Seiten, und folglich gibt es 24 Möglichkeiten (= 6 × 4), wie er auf den Tisch gestellt werden kann.

Es gibt 24 verschiedene Lagen, die ein sechsseitiger Würfel einnehmen kann. Wie viele Möglichkeiten gibt es, zwei Würfel so zu plazieren, daß sie sich stets an einer Seite berühren?

Drei Würfel liegen nebeneinander. Wie viele Möglichkeiten gibt es, die Würfel zu drehen und zu kippen, ohne daß sie dabei untereinander ausgetauscht werden?

Und wie sieht das mit acht Würfeln aus, die zu einem größeren zusammengesetzt werden? Jeder einzelne Würfel darf dabei gedreht und gekippt werden, verläßt aber seine Position nicht.

Hier sieht man ein und denselben Würfel fünfmal, wenn auch von unterschiedlichen Seiten. Der sechste ist mit falschen Symbolen versehen. Auf den meisten Würfeln fehlt jeweils ein Zeichen.

Ergänzen Sie auf jedem Würfel das fehlende Symbol. Als kleine Hilfe ist dazu unten die Abwicklung eines Würfels vorgegeben, in die Sie Symbole einzeichnen können. Welcher Würfel ist falsch?

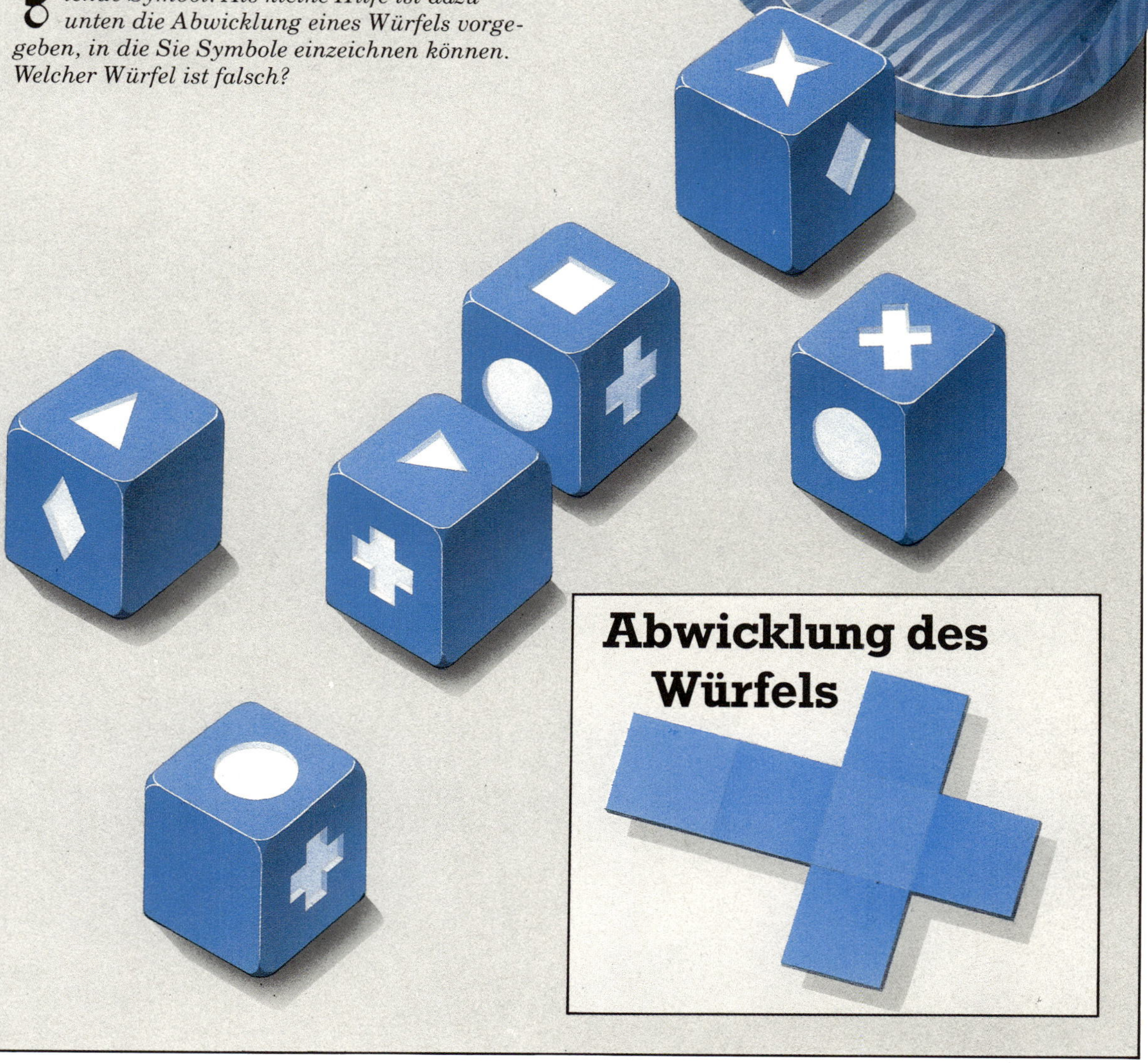

(Lösungen Seite 54)

Die Form in der Form 1

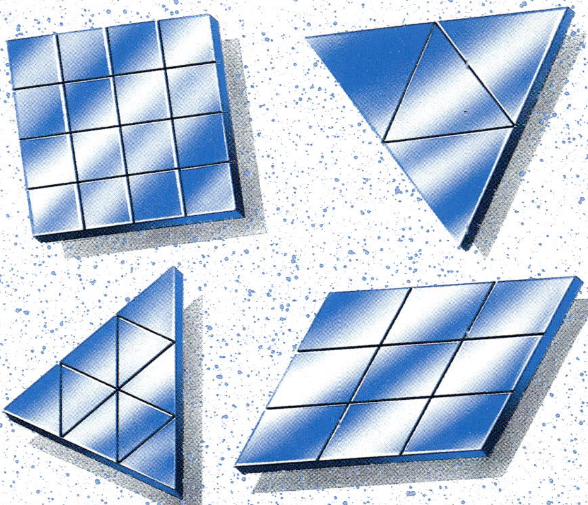

Es gibt bestimmte geometrische Formen, die aus mehreren identischen Teilen zu einer vergrößerten Darstellung des Grundmusters zusammengesetzt werden können. Natürlich lassen sich diese Formen auch wieder in kleine einzelne Elemente von gleicher Gestalt auflösen. Am einfachsten läßt sich das natürlich mit gleichseitigen Dreiecken, Rauten oder Quadraten zeigen. Das Prinzip gilt aber auch für eine Reihe von anderen Figuren:

Ein Quadrat, aus dem ein Viertel herausgeschnitten wurde, läßt sich in vier verkleinerte Teile der Grundform zerlegen. Die Darstellung unten zeigt, wie die Teilung aussieht.

Dasselbe gilt auch für die beiden Figuren rechts. Teilen Sie sie so, daß sie aus jeweils vier gleichgeformten Teilen bestehen. Die eingezeichneten Hilfslinien erleichtern die Aufgabe.

Die beiden Umrisse auf dieser Seite sollen in gleichgeformte Verkleinerungen des vorgegebenen Musters zerlegt werden. Finden Sie heraus, wie groß die Teilstücke sein müssen.
Kleine Hilfe: *Die Zahl der Einzelteile ist vermutlich wesentlich größer, als Sie zunächst annehmen.*

(Lösungen Seite 55)

Die Form in der Form 2

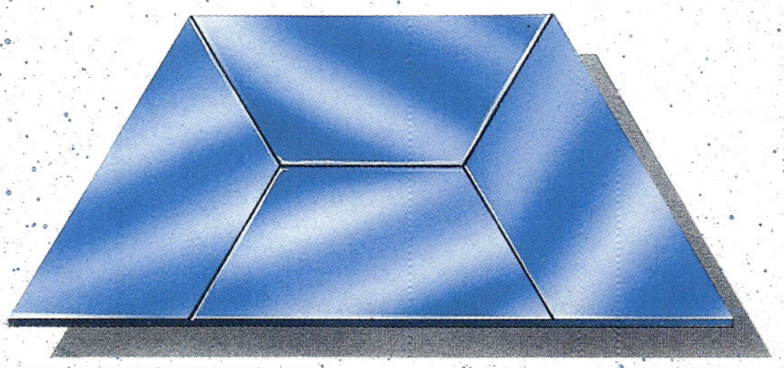

Auch diese Form kann in gleichartige Einzelteile zerlegt werden, und zwar in Trapeze. Im Gegensatz zu den Mustern auf den beiden vorhergehenden Seiten hat dieser Umriß keine rechten Winkel.

Da die Hälfte des Musters schon über dem kleinen Sechseck ausgelegt ist, ist die Aufgabe natürlich sehr einfach. Doch nun gilt es, mit den gleichen Teilen eine Anordnung zu finden, die die Fläche des kleineren der beiden Sechsecke bedeckt. Wie viele Möglichkeiten gibt es?

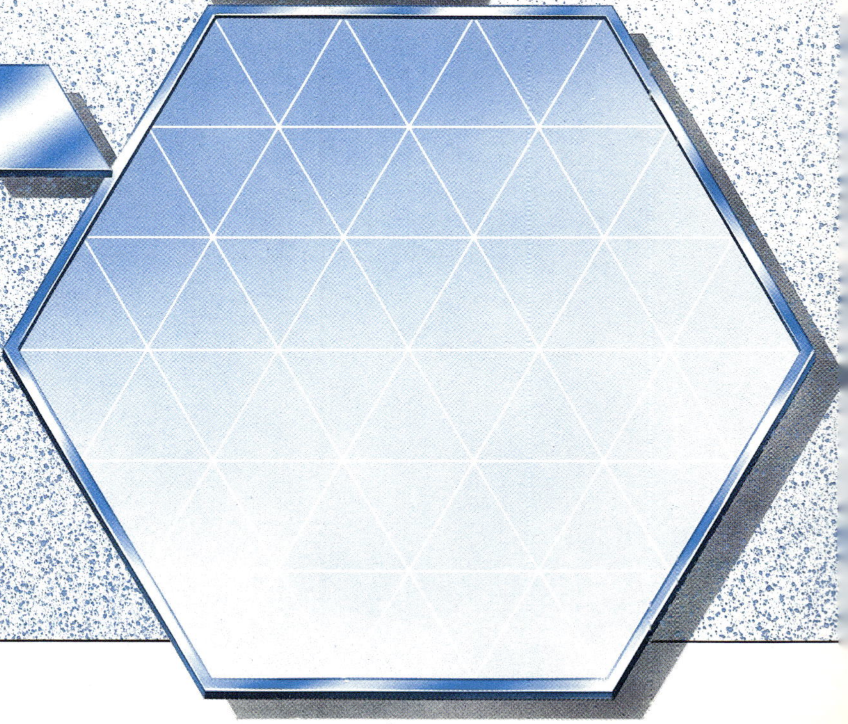

Kleine Fischchen sollen in dem sechseckigen Netz lückenfrei untergebracht werden. Wie viele passen hinein?

Wie viele von den kleinen Fischen lassen sich auf der Fläche des großen Fisches lückenfrei unterbringen? Wie sind sie angeordnet?

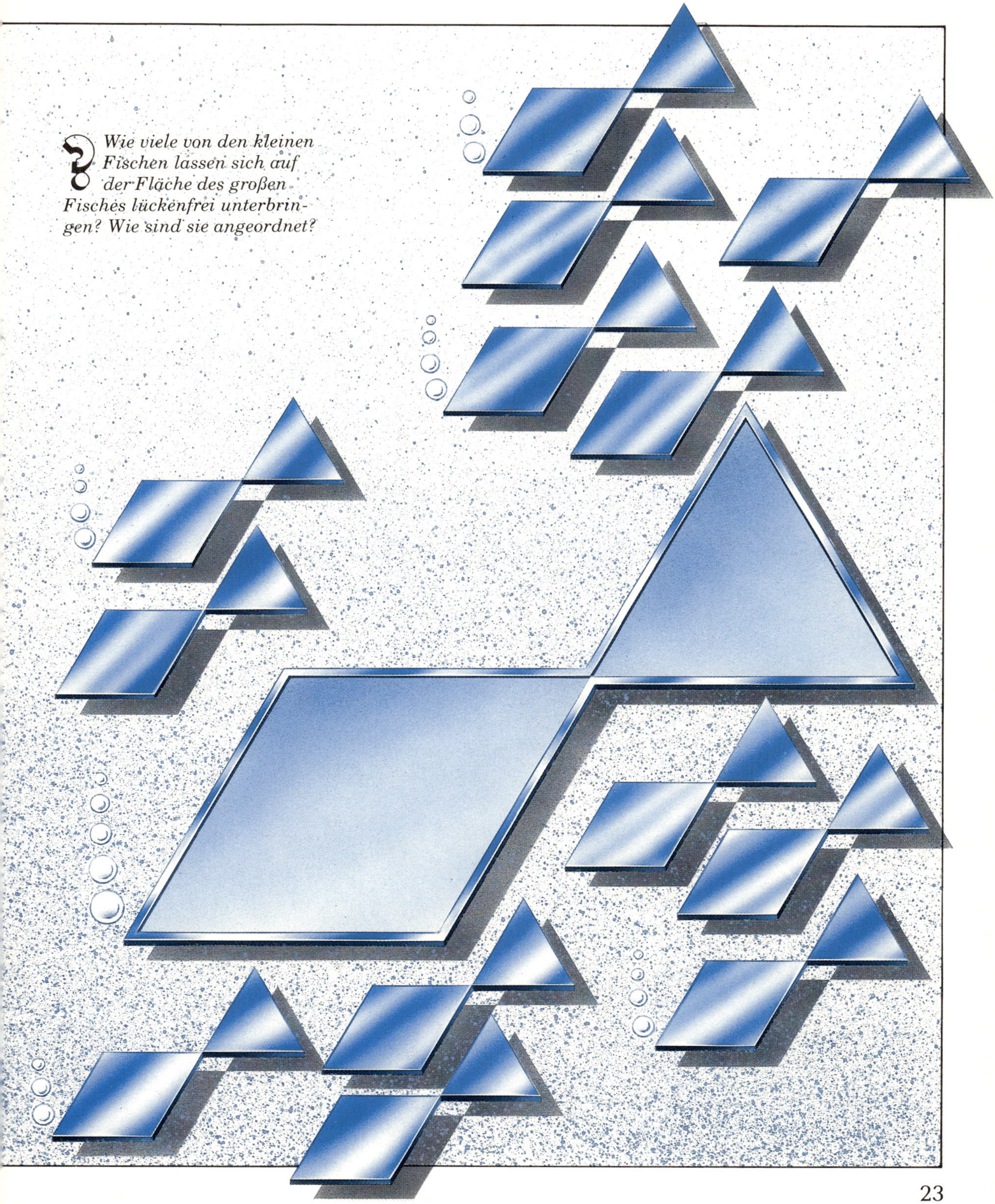

(Lösungen Seite 55, 56)

Billard

Der Billardtisch ist leergefegt. Nur noch eine letzte Kugel muß eingetascht werden. Unser seltsamer Tisch hat aber nur ein einziges Loch, und das kann mit einem direkten Stoß nicht erreicht werden. Sie wollen zeigen, was Sie können! Die letzte Kugel soll so versenkt werden, daß sie vorher noch auf jeder Seite mindestens zweimal abprallt. Dazu muß die Richtung natürlich genau stimmen, damit das Loch im ersten Bild links oben oder im zweiten Feld rechts unten genau getroffen wird. Als kleine Hilfe wurde der Billardtisch mit dünnen weißen Linien unterlegt. Man kann damit den Zielpunkt für den ersten Schuß und die Abprallstellen für den weiteren Weg der Kugel ziemlich gut festlegen.

Spiel 1

Wie man die Kugel versenken kann, ist auf den beiden Darstellungen (rechts) gezeigt. Doch nun soll die Aufgabe ein wenig verändert werden. Wie muß die Kugel angestoßen werden, daß sie sowohl auf Feld A als auch auf Feld B jeweils drei Seiten einmal berührt, ehe sie ins Loch fällt?

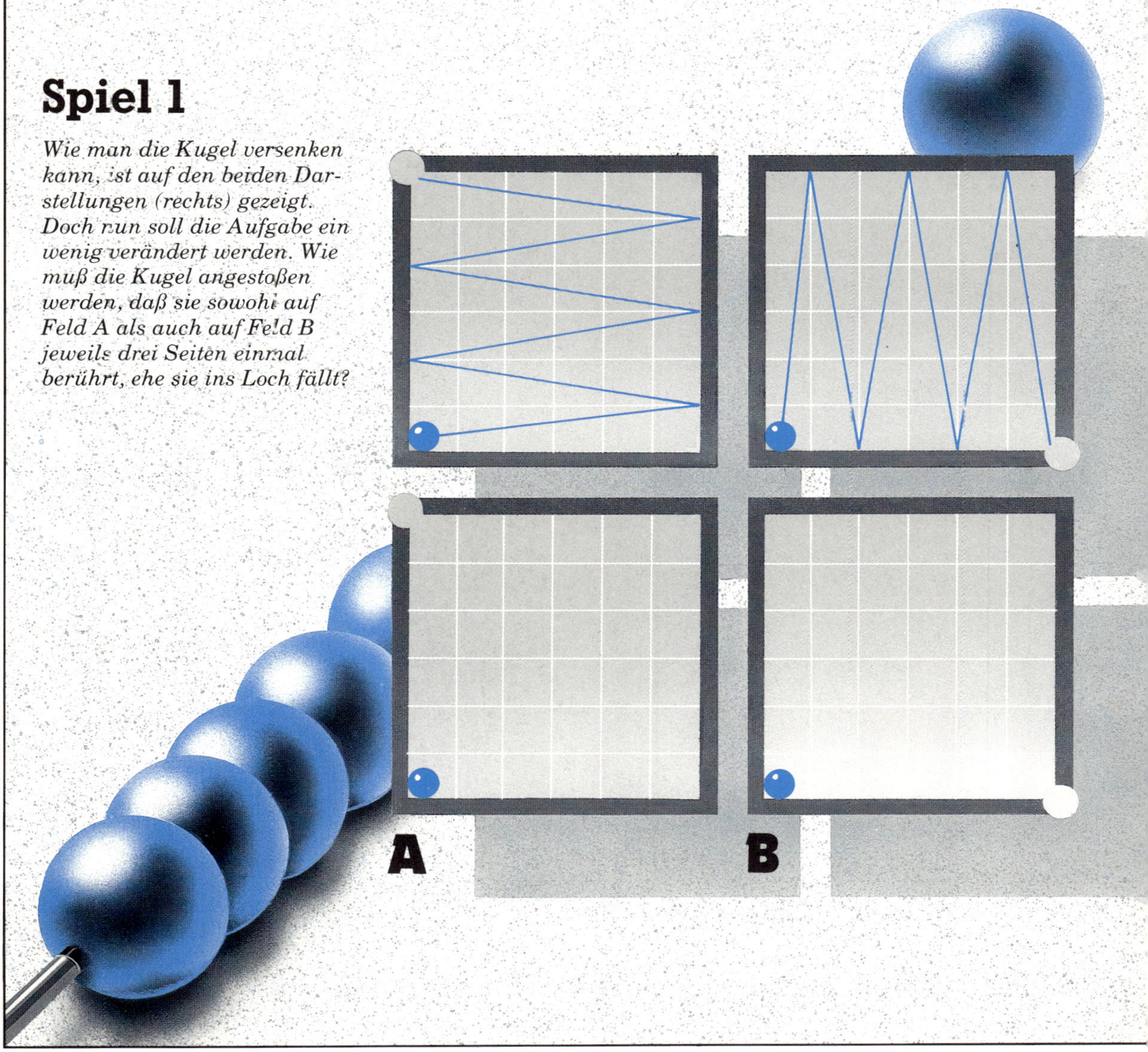

Spiel 2

Der Tisch muß nicht unbedingt rechteckig sein. Auch auf einem L-förmigen Tisch kann die Kugel eingetascht werden. Die beiden Bilder oben zeigen, wie das gemacht wird. Auf dem Tisch A soll die Kugel so versenkt werden, daß sie an fünf der sechs Kanten abprallt, ehe sie ins Loch fällt.
Auf Tisch B soll die Kugel sogar siebenmal abprallen, ehe sie rechts unten ins Loch plumpst. Sie darf nur auf Kanten, nicht aber in eine der Ecken geschossen werden.
Kleine Hilfe: *Nützen Sie die Hilfslinien aus!*

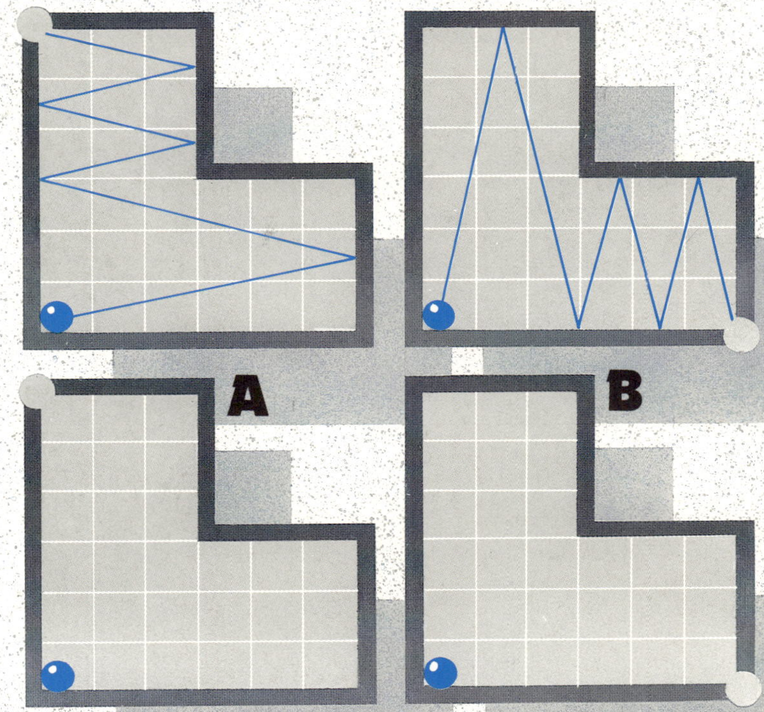

Spiel 3

Nun wird die Gestalt des Spieltischs etwas komplizierter. Auf Tisch A soll die Kugel versenkt werden, nachdem sie von drei verschiedenen Seiten abgeprallt ist. Bei Tisch B soll die Kugel siebenmal zurückgeworfen werden, ehe sie ins Loch fällt. Auf Tisch C schließlich soll sie dreizehnmal abprallen und dabei fünf verschiedene Kanten berühren. Der Weg der Kugel darf dabei beliebig lang sein. Einer von den drei vorgegebenen Kugelschüssen erscheint möglich, geht aber in Wirklichkeit nicht. Welcher ist das?
Kleine Hilfe: *Zielen Sie mit der Kugel auf Kanten und nicht in die Ecken!*

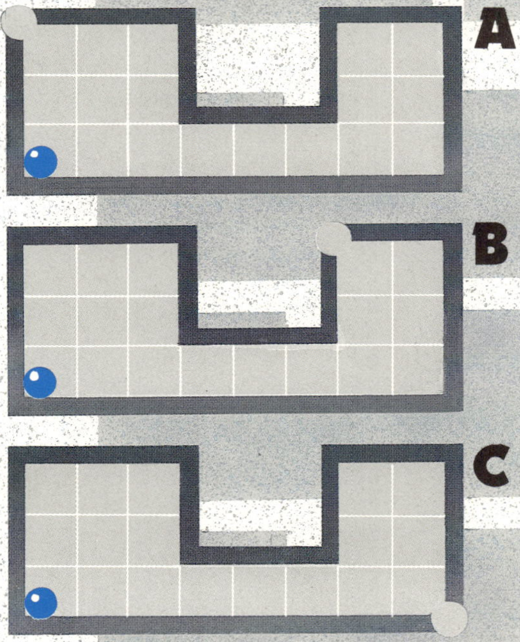

(Lösungen Seite 56)

Tortenstückchen

Es kann doch wohl nicht schwierig sein, eine Anordnung für die einzelnen Ringe auf den Kuchenstücken zu finden, bei der sich gleiche Farben oder Ziffern nicht berühren. Und weil man die Auswahl hat, ist es sicher um so einfacher, je mehr Farben und Ziffern zur Verfügung stehen. Oder wird es dadurch etwa schwieriger?

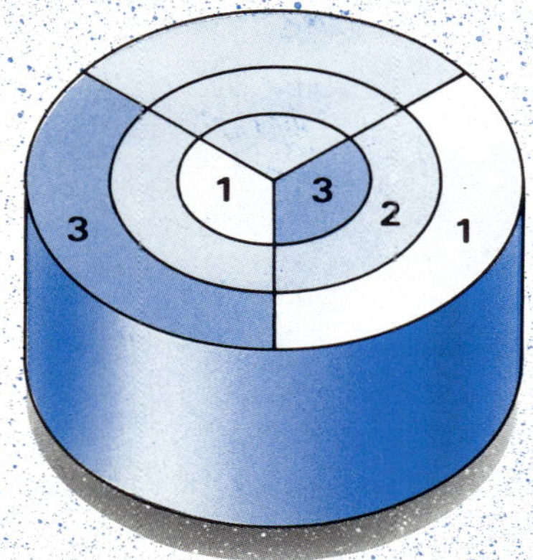

unmögliche Verteilung

mögliche Verteilung

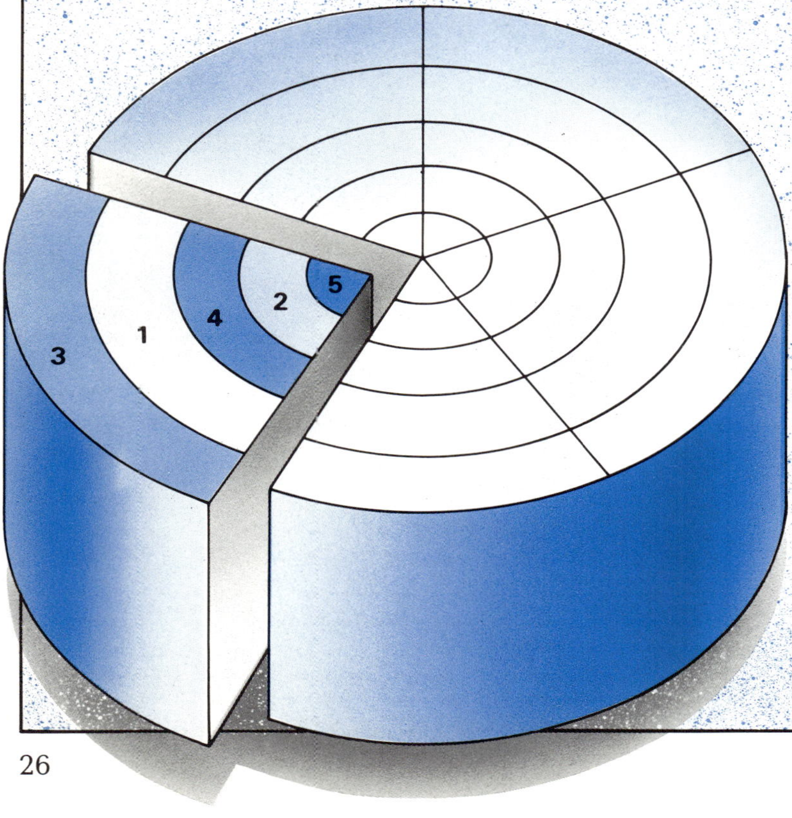

Die Aufgabe besteht darin, die Farben in die Ring-Teilstücke so einzuzeichnen, daß sich gleiche Farben nicht einmal über Eck berühren. Ein Vorschlag dazu: Am besten numerieren Sie die Ring-Teile mit Bleistift, so daß Sie radieren können. Dann wird jeder Ziffer eine Farbe zugeordnet. Sie benötigen für jeden Ring eine Farbe.

Für einen Kuchen mit drei Ringen und drei Tortenstücken ist die Aufgabe mit drei unterschiedlichen Farben nicht lösbar. Wie viele Farben braucht man mindestens?

Den Kuchen mit vier Teilen und vier Ringen kann man leicht mit vier Farben den Regeln entsprechend ausfüllen. Doch die Verteilung ist symmetrisch und damit ziemlich langweilig. Gibt es noch eine andere Verteilung?

Der Kuchen aus fünf Teilen und fünf Ringen soll nach den Regeln eingefärbt werden. Außerdem sollen alle fünf Farben (Ziffern) auf jedem Ring erscheinen.

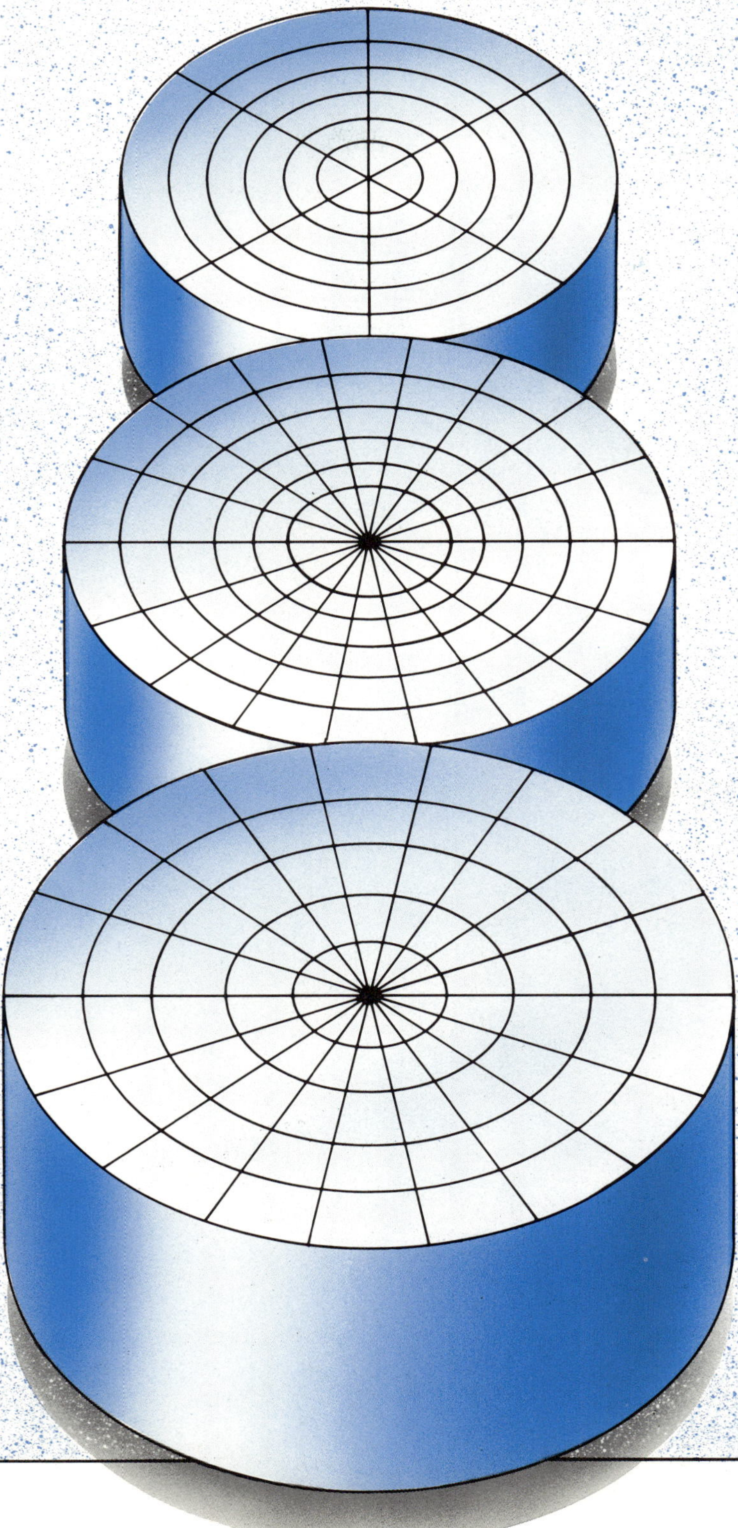

Kuchen 1

Nach den Regeln, die für den Fünferkuchen galten, soll der Kuchen mit sechs Ringen und sechs Abschnitten eingefärbt werden.

Kuchen 2

Dieser Kuchen hat 18 Teile und sechs Ringe. Die Farben dürfen sich nicht berühren, auch nicht über Eck. Versuchen Sie die Aufgabe mit sechs Farben (Ziffern) zu lösen.

Sie werden vielleicht ein paar Blatt Papier brauchen, um mehrere Versuche starten zu können.

Kuchen 3

Dies ist ein Kuchen mit 18 Teilen und fünf Ringen. Fünf Farben (Ziffern) sollten genügen, um die Aufgabe zu lösen.

(Lösungen Seite 57)

Hohle Würfel

Der Boden einer quadratischen Schachtel ist in 6 × 6 Felder (Seite 28) bzw. 8 × 8 Felder (Seite 29) aufgeteilt. Sie können aus unterschiedlichen Blickwinkeln in die Schachtel schauen und sehen dort immer nur einen kleinen Teil des Bodenmusters. Doch Schritt für Schritt läßt sich aus diesen Teilinformationen das gesamte Muster zusammenstellen.

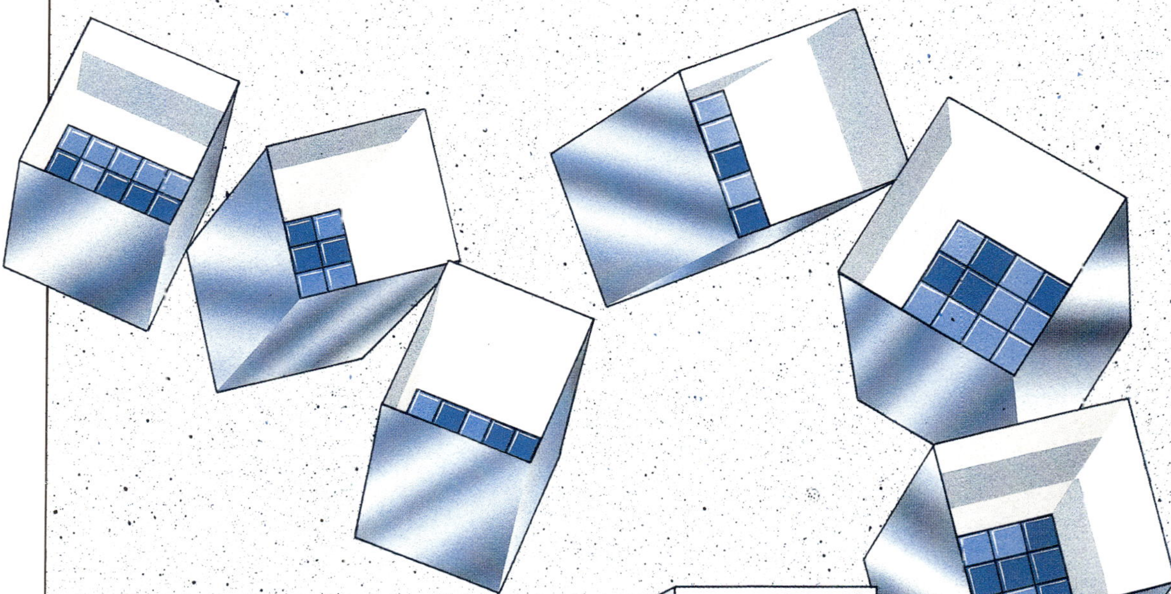

Spiel 1

Sehen Sie sich sorgfältig die Teile des Mosaiks auf dem Schachtelboden an. Als weitere Hilfe sollten Sie die Streifen an den inneren Seiten der Schachtel beachten. Zeichnen Sie das Muster auf dem Lösungsfeld ein.

Lösung

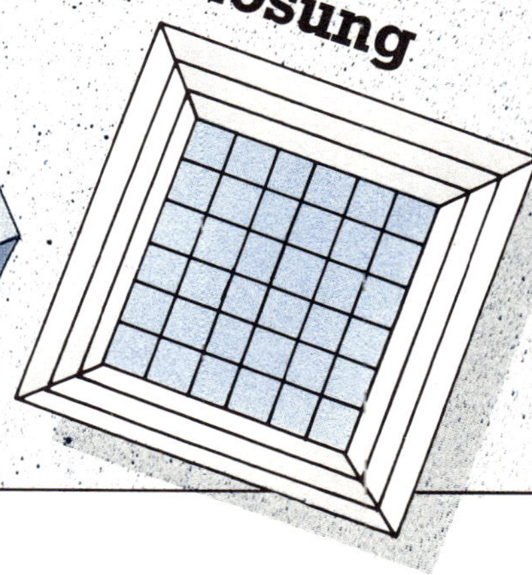

Spiel 2

Dieses Spiel ist schwieriger. Die Schachtel hat kein hilfreiches Muster auf den seitlichen Innenflächen. Außerdem wird nicht das ganze 8×8-Muster gezeigt. Deshalb eine kleine, aber wichtige Information: Das gesuchte Muster ist über eine Mittelachse symmetrisch. Die Symmetrieachse liegt also parallel zur Außenkante des Lösungsfeldes.

(Lösungen Seite 57)

Wie viele?

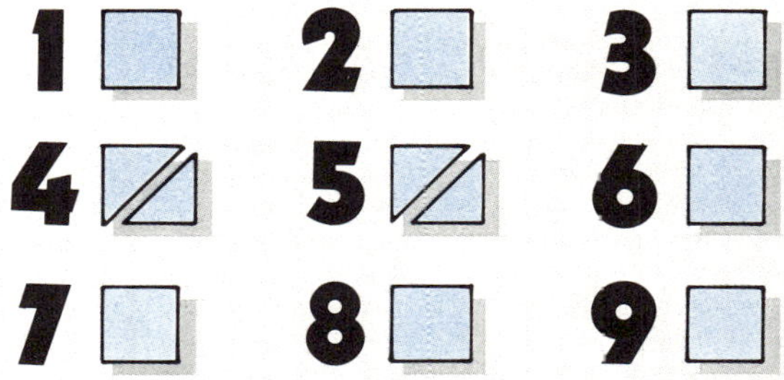

Jede der Darstellungen auf dieser Seite enthält eine bestimmte Anzahl von Umrissen der gleichen Art. Das können Rechtecke, Dreiecke oder Sechsecke sein. Sie haben verschiedene Größen, einige überlagern sich, andere haben gemeinsame Kanten, wieder andere stehen einzeln. Können Sie sie alle finden?

1

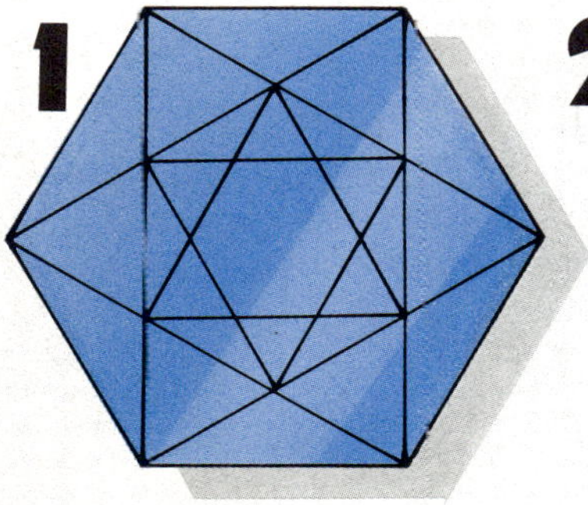

Wie viele Dreiecke?

2

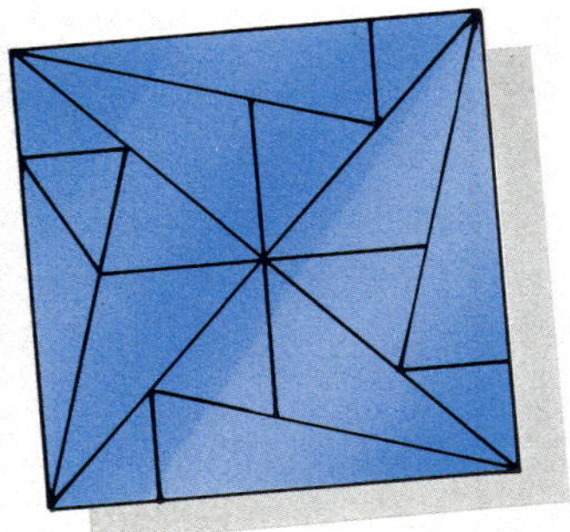

Wie viele Dreiecke?

3

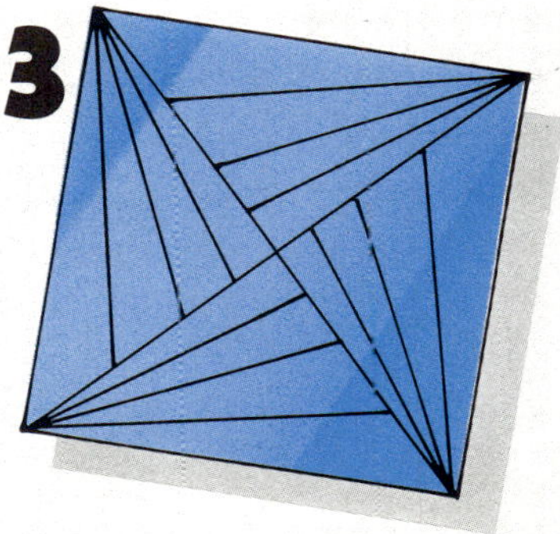

Wie viele Dreiecke?

4

5

Wie viele Dreiecke und Rechtecke?

6

Wie viele Rechtecke?

7

8

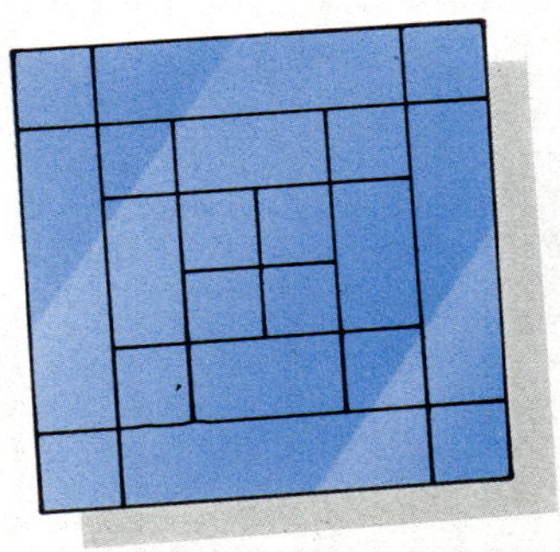

Wie viele Rechtecke?

9

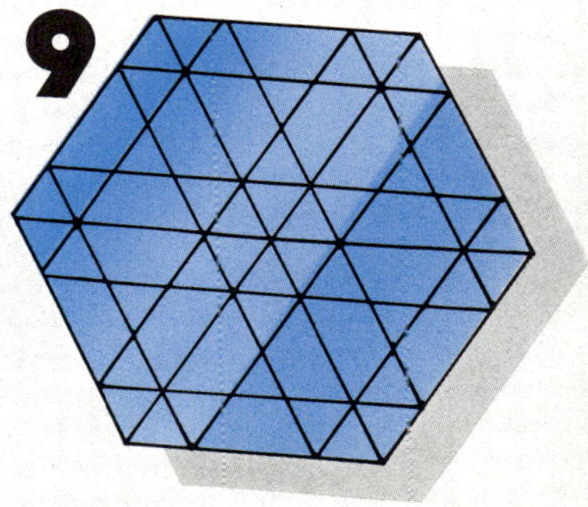

Wie viele gleichseitige Sechsecke?

(Lösungen Seite 57)

Steckbrett

Für viele Spiele werden Steckbretter verwendet. Meist ist der Umriß rechteckig. Die einzelnen Löcher stehen als Eckpunkte kleiner Quadrate. Auf den beiden Spiralblöcken sind Löcher als Punkte dargestellt. Die Steckbretter haben unterschiedliche Form, es gelten aber die gleichen Regeln.

Wie viele Quadrate lassen sich auf einem Steckbrett mit 4 × 4 Löchern bilden? Zeichnen Sie diese Verbindungen in die Vorgaben ein.

Kleine Hilfe: Nicht alle Quadrate müssen parallel zur Grundlinie liegen.

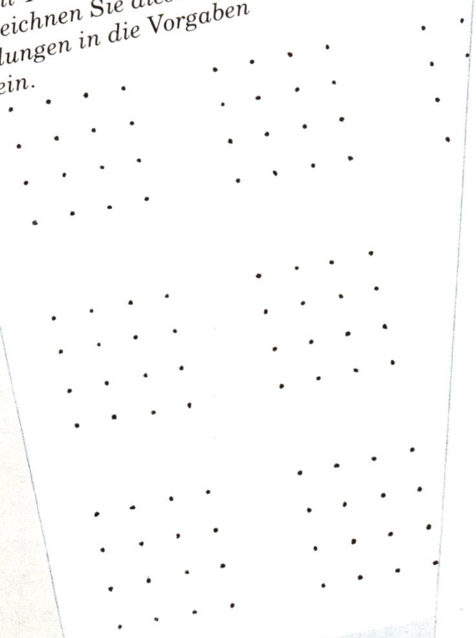

Finden Sie heraus, wie viele Quadrate auf dem kreuzförmigen Steckbrett möglich sind. Wie bei der vorhergehenden Aufgabe müssen diese nicht unbedingt parallel zur Grundlinie liegen.

Nehmen wir an, bei diesem Steckbrett sei jedes Loch mit einem Stecker besetzt. Ein Quadrat ist nur dann vollständig, wenn jede Ecke mit einem Stecker besetzt ist. Welche sechs Stecker müssen herausgenommen werden, damit kein Quadrat möglich ist?

(Lösungen Seite 58)

Innen, außen

Wie Sie wissen, hängt die Fläche einer Figur sowohl von der Größe als auch von der Form ab. Mit einer Schnur läßt sich das leicht augenfällig machen. Wenn Sie einen Ring aus Schnur mit zwei Bleistiften zu einem langen, schmalen Streifen auseinanderziehen, so ergibt das nur eine sehr kleine Fläche. Wenn Sie sie nun aber zu einem Kreis auslegen, so wird die Fläche beträchtlich größer, obgleich sich der Umfang nicht verändert hat, denn die Schnur hat ja nach wie vor die gleiche Länge.

Auf einem Steckbrett sind vier Löcher belegt und mit einer Schnur umspannt. Wie groß ist die Fläche, ausgedrückt in der Zahl von Einzelfeldern? Man zählt dazu die Felder, die die Schnur kreuzt, und berechnet den Anteil, der jeweils innerhalb bzw. außerhalb der Umgrenzungslinie liegt. Für jedes Teil-Feld innerhalb der Grenze gibt es ein entsprechendes Feld von genau derselben Größe außerhalb. Die Schnur teilt also Rechtecke über die Diagonale. Mit Hilfe dieser Überlegungen läßt sich das Problem lösen. Natürlich müßten wir annehmen, daß die Umrißlinie unendlich dünn von Ecke zu Ecke gezogen ist.

Der Umfang der sieben Figuren im blauen Feld auf den Seiten 32 und 33 ist stets gleich. Doch wieviel Fläche grenzen Sie jeweils ein? Welche Fläche ist am größten? Schätzen Sie die Fläche auf Grund der unterlegten Quadrate und notieren Sie das Ergebnis rechts unten.

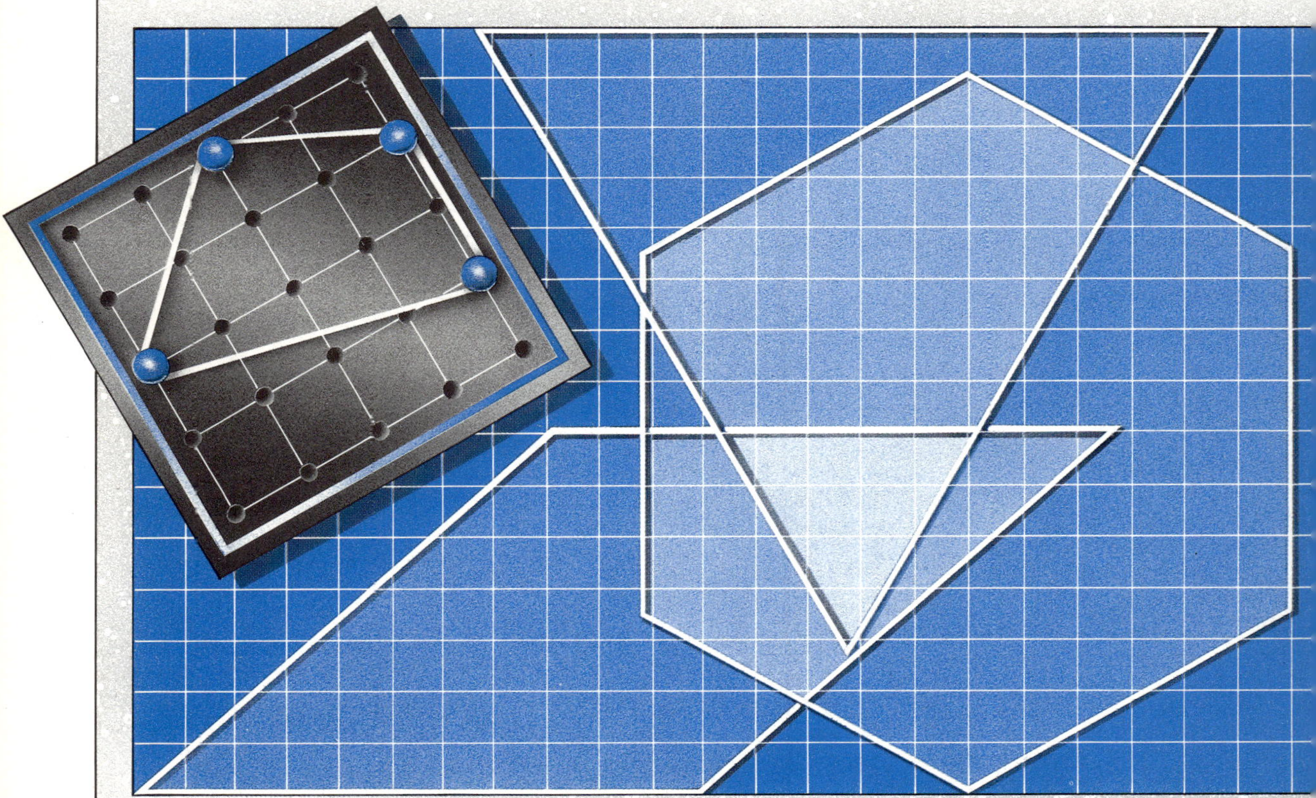

Das Inselproblem

Die alten Griechen hatten schon sehr genaue Vorstellungen über die Beziehung zwischen Umfang und Fläche einer geometrischen Figur. Das war auch durchaus wichtig. Denn viele lebten auf Inseln. Es war leicht ersichtlich, daß die Größe einer Insel nicht durch die Zeit angegeben werden konnte, die man für eine Umrundung am Ufer benötigte. Dennoch hat es solche Versuche gegeben. Proclus, ein Schriftsteller aus dem 5. Jahrhundert v. Chr., hat uns überliefert, daß bisweilen der Wert eines Grundstücks nach dessen Umfang geschätzt wurde.

Die Sage berichtet, daß Prinzessin Dido von Tyros fliehen mußte und in Nordafrika landete. Man gewährte ihr ein Stück Land, so groß wie die Haut eines Ochsen. Daraufhin ließ sie das Fell in hauchdünne Streifen schneiden und zu einem langen Band nähen. Sie benützte die Küste als natürliche Grenze und ließ das Lederband von ihren Dienern in einem Halbkreis auslegen. Die Fläche umfaßte immerhin 25 Morgen Land. Das war die Geburtsstunde der großen und mächtigen Stadt Karthago.

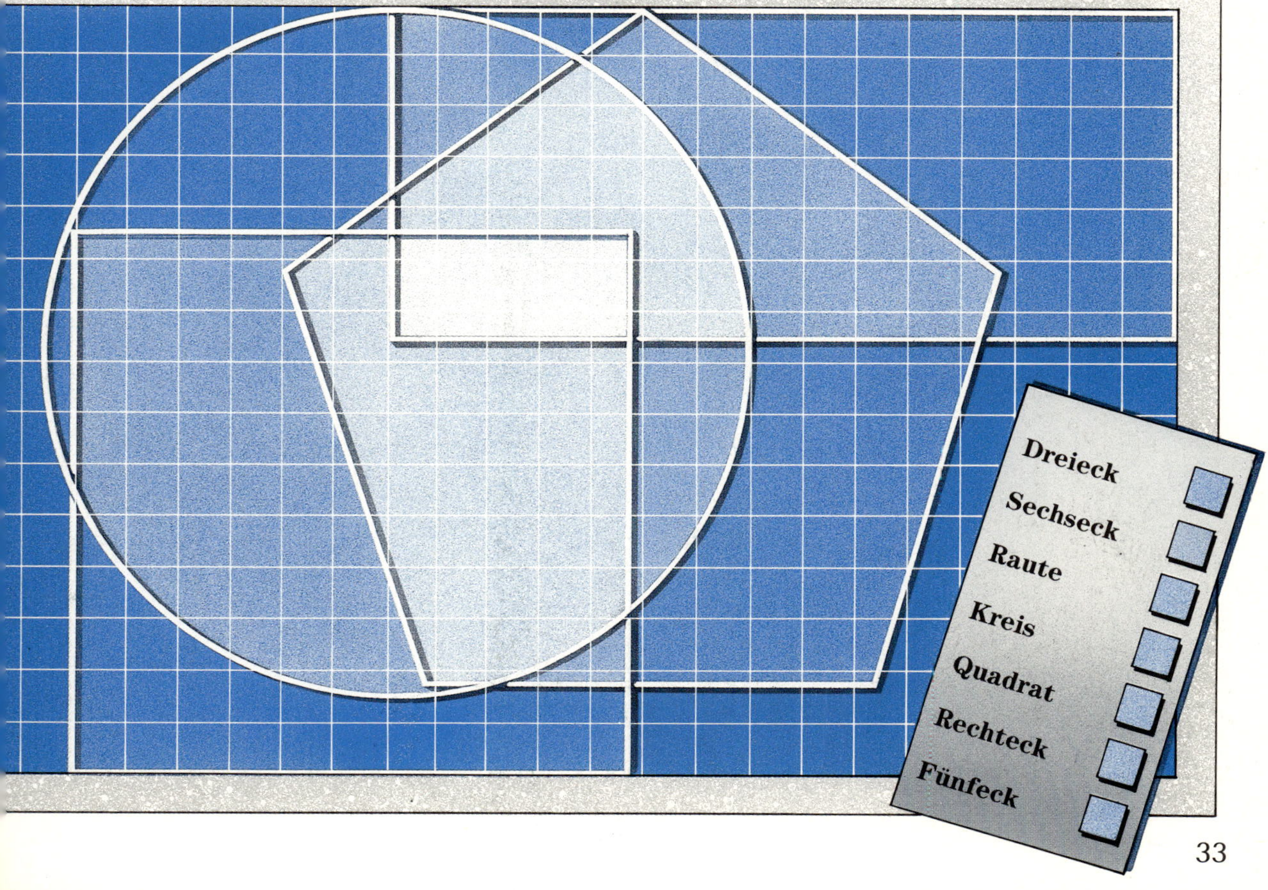

(Lösungen Seite 58)

Würfel und Wege

Diese seltsamen Figuren, die im Raum zu schweben scheinen und der klobige Roboter auf Seite 35 dienen dazu, Ihr räumliches Vorstellungsvermögen auf die Probe zu stellen.

Spiel 1

Es ist erstaunlich, wie unterschiedlich ein und derselbe Gegenstand aus einem anderen Blickwinkel aussehen kann. In diesen kubischen Würmern sind drei Figuren doppelt, eine dreifach und eine einzelne ohne eine Entsprechung vorhanden. Es ist allerdings nicht ganz leicht, herauszufinden, welche Figur welcher entspricht.
Kleine Hilfe: *Es kann hilfreich sein, das Buch umzudrehen und auf den Kopf zu stellen. Tragen Sie die drei Dubletten, die Dreiergruppe und die einzelne Figur, die keine Entsprechung hat, in die Tabelle ein.*

Antworten			
drei Paare			
Dreiergruppe			
ohne Entsprechung			

Spiel 2

Dieser Computer ist hochempfindlich. Wenn man einen der Würfel an Händen und Füßen, die eine Zahl tragen, berührt, so leuchet auf dem Kopf eine Lampe auf. Die Stromimpulse fließen auf dem kürzesten Weg von Würfel zu Würfel. Doch wie lang ist dieser Weg jeweils? Die Drähte laufen immer nur dort zum Nachbarwürfel, wo Fläche an Fläche stößt.

Schreiben Sie die Zahl der Würfel, die von den Stromimpulsen durchlaufen werden müssen, in die Tabelle.

kürzester Weg	
Arm Nr. 1	
Arm Nr. 2	
Bein Nr. 1	
Bein Nr. 2	

(Lösungen Seite 59)

Die Suche nach dem Polygon

Auf den ersten Blick sehen die Figuren auf diesen beiden Seiten aus, als habe jemand wahllos ein paar Quadrate bekritzelt. Doch auf den nächsten Blick entdeckt man Strukturen und Symmetrien: Quadrate, Dreiecke, Rauten usw. Die Flächenaufteilung hat noch eine andere bemerkenswerte Eigenschaft: Das Muster besteht aus vier gleichseitigen Dreiecken. Jedes Dreieck hat eine Ecke mit dem Grundquadrat gemeinsam und hat außerdem die größtmögliche Fläche, die einem Quadrat eingeschrieben werden kann.

Gesucht werden alle Figuren, die auf der nächsten Seite vorgegeben sind. Damit das Spiel einfacher wird, ist für jede gesuchte Figur ein Quadrat vorgesehen, in das mit Stift oder Farben die gesuchten Umrisse eingezeichnet werden können.

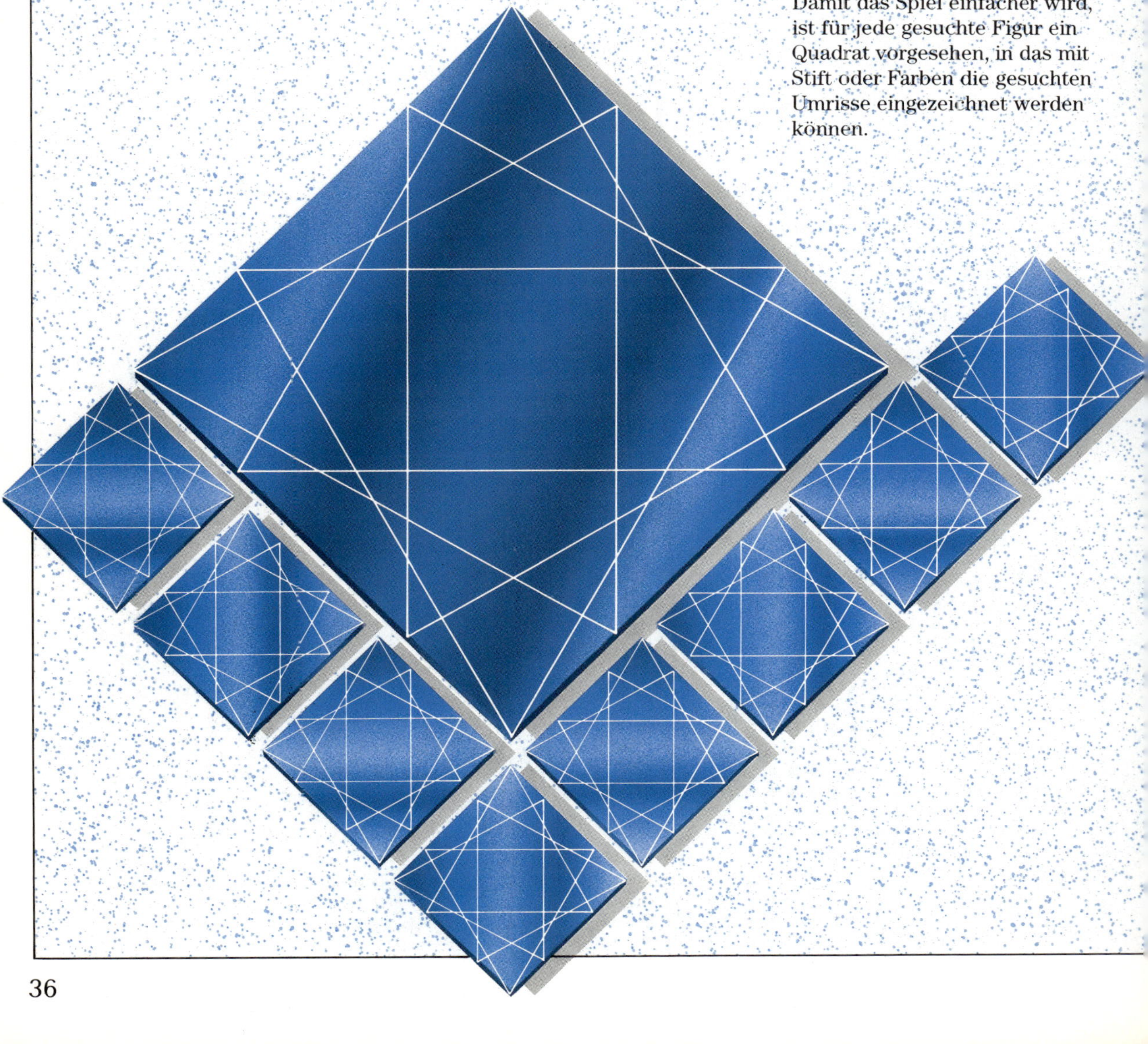

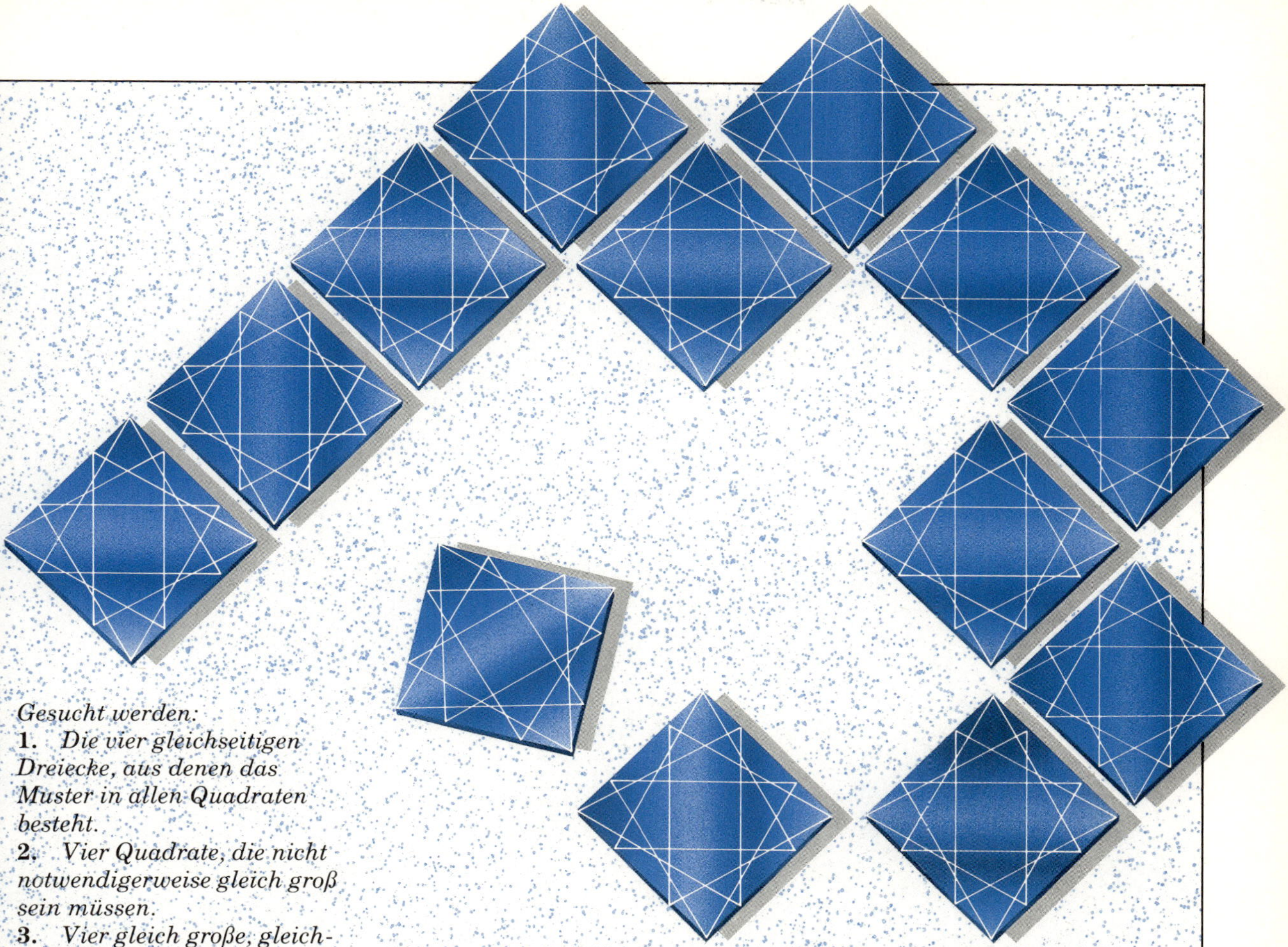

Gesucht werden:

1. Die vier gleichseitigen Dreiecke, aus denen das Muster in allen Quadraten besteht.

2. Vier Quadrate, die nicht notwendigerweise gleich groß sein müssen.

3. Vier gleich große, gleichseitige Dreiecke von mittlerer Größe.

4. Acht gleiche, kleine, gleichseitige Dreiecke.

5. Vier gleiche Hälften eines gleichseitigen, regelmäßigen Sechsecks (das ist die Gestalt einer Bienenwabe).

6. Zwei gleich große, aber unregelmäßige, sechsseitige Figuren.

7. Zwei gleich große, unregelmäßige, sechsseitige Figuren mittlerer Größe.

8. Zwei etwas kleinere, unregelmäßige, sechsseitige Figuren.

9. Eine unregelmäßige, achtseitige Figur.

10. Vier gleich große, gleichschenklige, rechtwinklige Dreiecke (das sind also Dreiecke mit zwei gleichen Schenkeln, zwischen denen ein rechter Winkel liegt).

11. Vier gleiche, mittelgroße, rechtwinklige, gleichschenklige Dreiecke.

12. Acht große, rechtwinklige Dreiecke mit unterschiedlicher Schenkellänge.

13. Acht mittelgroße, rechtwinklige Dreiecke unterschiedlicher Schenkellänge.

14. Die acht kleinsten rechtwinkligen Dreiecke mit unterschiedlicher Schenkellänge.

15. Zwei gleich große Rauten (das sind Figuren mit vier gleichen Seiten, bei denen jeweils zwei gegenüberliegende Seiten parallel sind).

16. Vier große Parallelogramme (das sind Figuren mit vier Seiten, bei denen jeweils zwei gegenüberliegende Seiten parallel sind).

17. Vier mittelgroße Parallelogramme.

18. Vier gleich große, fünfseitige Figuren, die insgesamt die unregelmäßige achtseitige Figur, die in Aufgabe 9 gesucht wurde, ergeben.

19. Die vier größten Figuren in Drachenform (Vierecke mit einer Symmetrie über die Längsachse).

20. Die vier kleinsten Drachen.

21. Wie viele verschiedene rechtwinklige Dreiecke gibt es insgesamt?

(Lösungen Seite 59)

Ansichtssache

Was sehen Sie, wenn Sie mit einem Hubschrauber neben einem Wolkenkratzer landen? Zunächst schauen Sie von oben auf das Dach. Dann schweben Sie neben einer Fassadenseite herunter. Das Gebäude zeigt sich aus einem völlig anderen Blickwinkel. Die Aufgaben auf den folgenden beiden Seiten beruhen auf dieser unterschiedlichen Sichtweise.

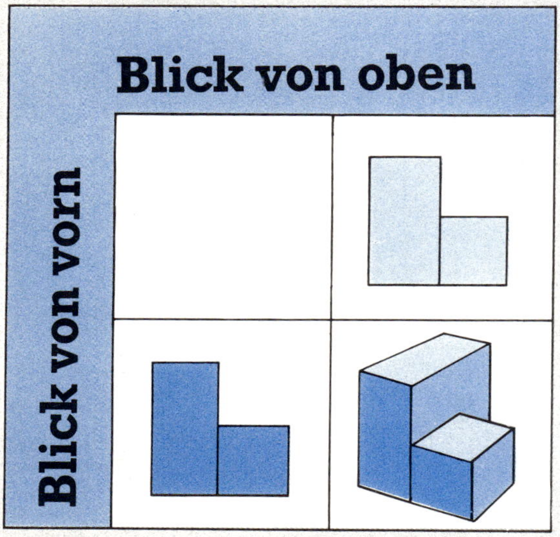

? *Welche Figur gehört in welches Feld? Wenn Sie von oben auf die räumlichen Gebilde sehen, können Sie nur vier Grundmuster erkennen. Genauso ist es mit der dunkelblau eingefärbten Vorderansicht. Doch aus der Verbindung der beiden Sichtweisen entsteht Klarheit über die räumliche Form der einzelnen Gegenstände. Schreiben Sie die Lösungen für die 16 Figuren in die Tabelle.*

(Lösungen Seite 60)

Zerrbilder 1

Haben Sie sich schon einmal in einem Zerrspiegel gesehen? Da wird man plötzlich klein und dick oder riesengroß und dürr. Wenn der Zerrspiegel mit einem feinen Liniengitter überzogen wäre, so könnte man das Bild, Quadrat für Quadrat, abzeichnen und zu Papier bringen. Das ist das Prinzip der Aufgabe auf diesen beiden Seiten.

Rechts ist das Grundmuster abgebildet, das, Feld für Feld, auf die verzerrten Gitter auf Seite 40 und Seite 41 übertragen werden soll. Gehen Sie Schritt für Schritt vor und zeichnen Sie die Linien in die Zerrbilder ein, wie auf Bild 1 zu sehen.

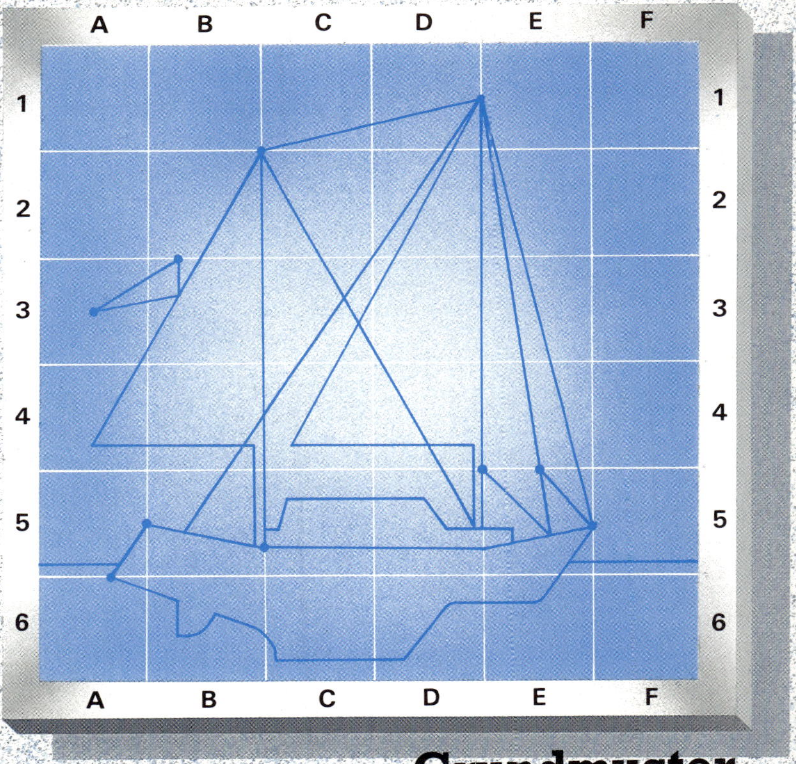

Grundmuster

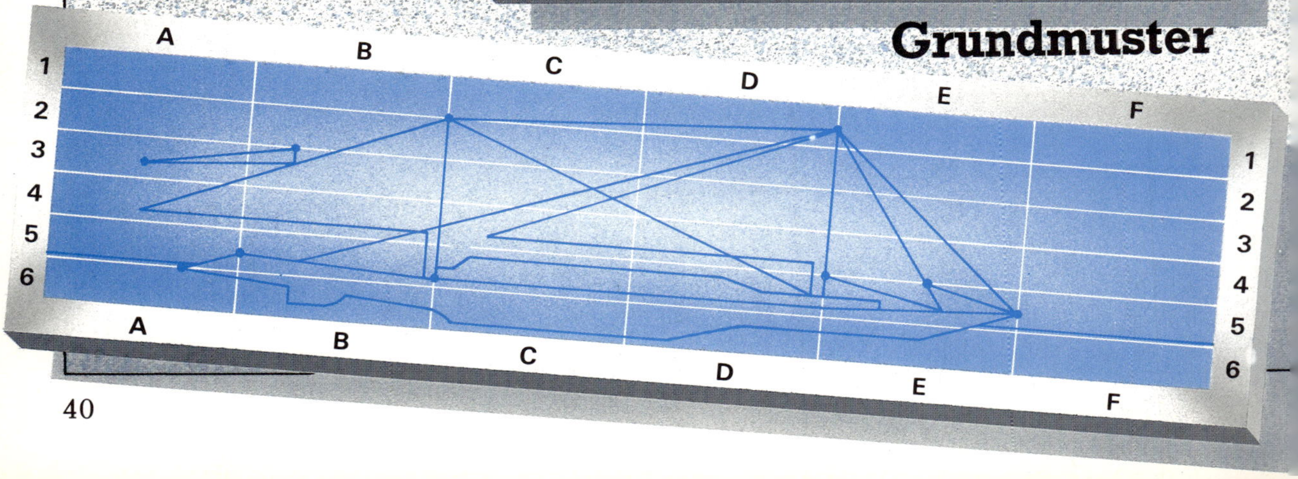

Bild 1

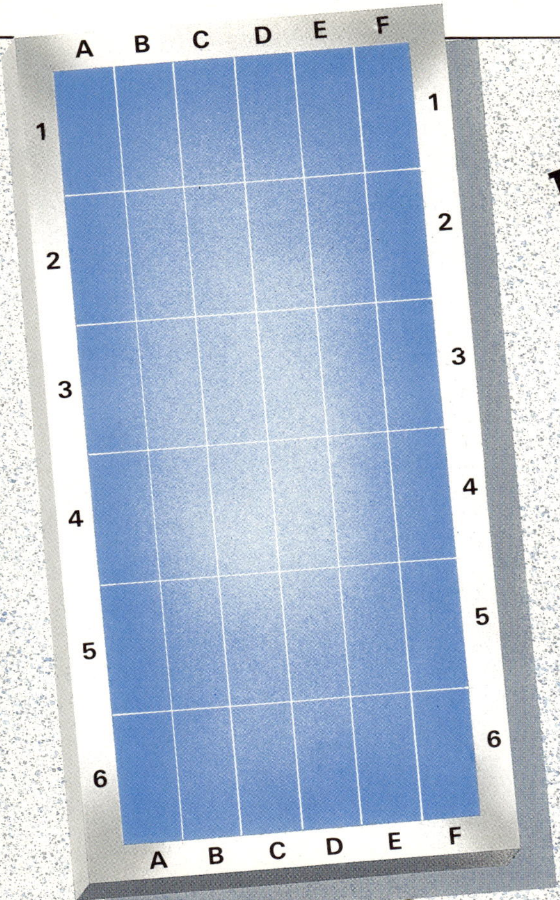

Bild 2

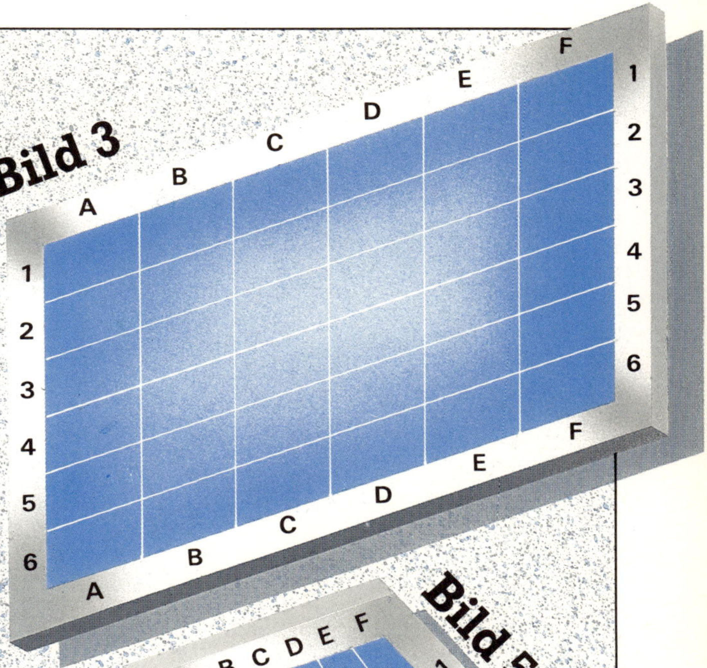

Bild 3

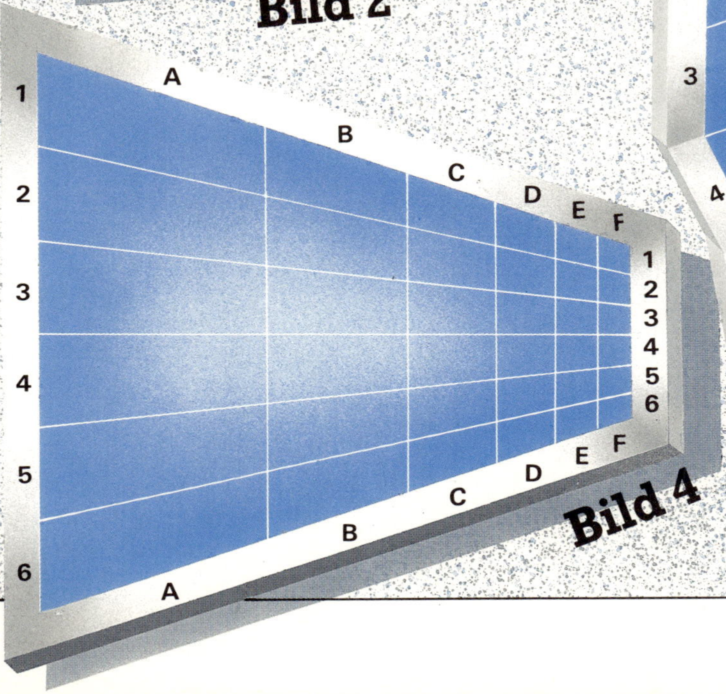

Bild 4

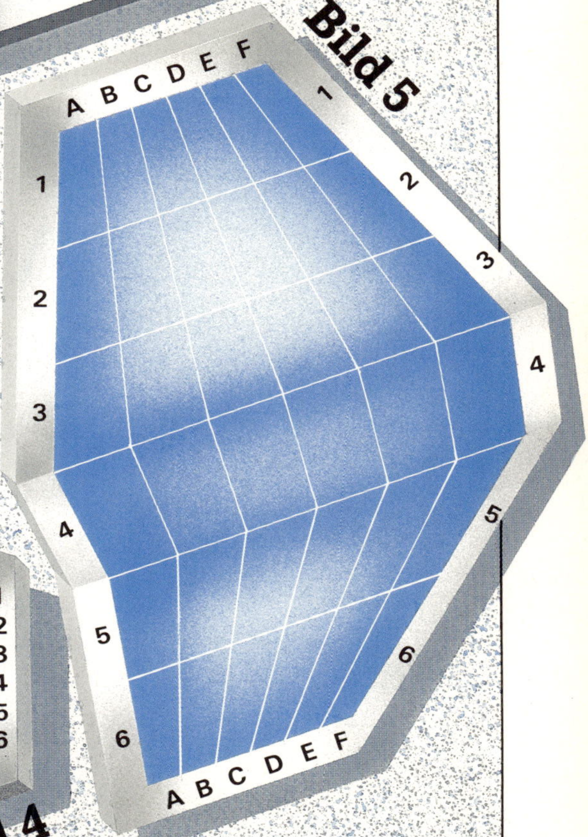

Bild 5

(Lösungen Seite 60)

Zerrbilder 2

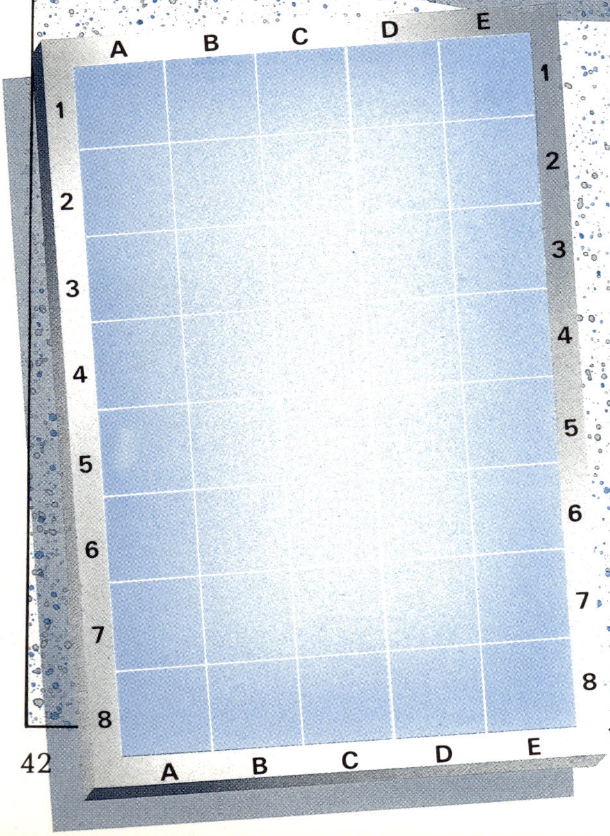

Auf diesen beiden Seiten sehen Sie zwei Zerrbilder, die Sie auf die Quadratflächen übertragen und damit entzerren sollen. Interessant ist vor allem die Darstellung auf Seite 43, wo das Bild kreisförmig gezerrt ist.

Anamorphose Kunst

Zerrbilder haben seit Jahrhunderten alle die fasziniert, die nach verborgenen Inhalten oder geheimen Symbolen gesucht haben. Oft mußten verzerrte Darstellungen auch als Selbstschutz und nicht nur zum Vergnügen eingesetzt werden. Während der Regierungszeit von Georg I. und Georg II. wären z. B. die Anhänger von Charles Edward Stuart des Hochverrats beschuldigt worden, wenn man sie mit einem Bildnis des in Acht und Bann im Exil lebenden

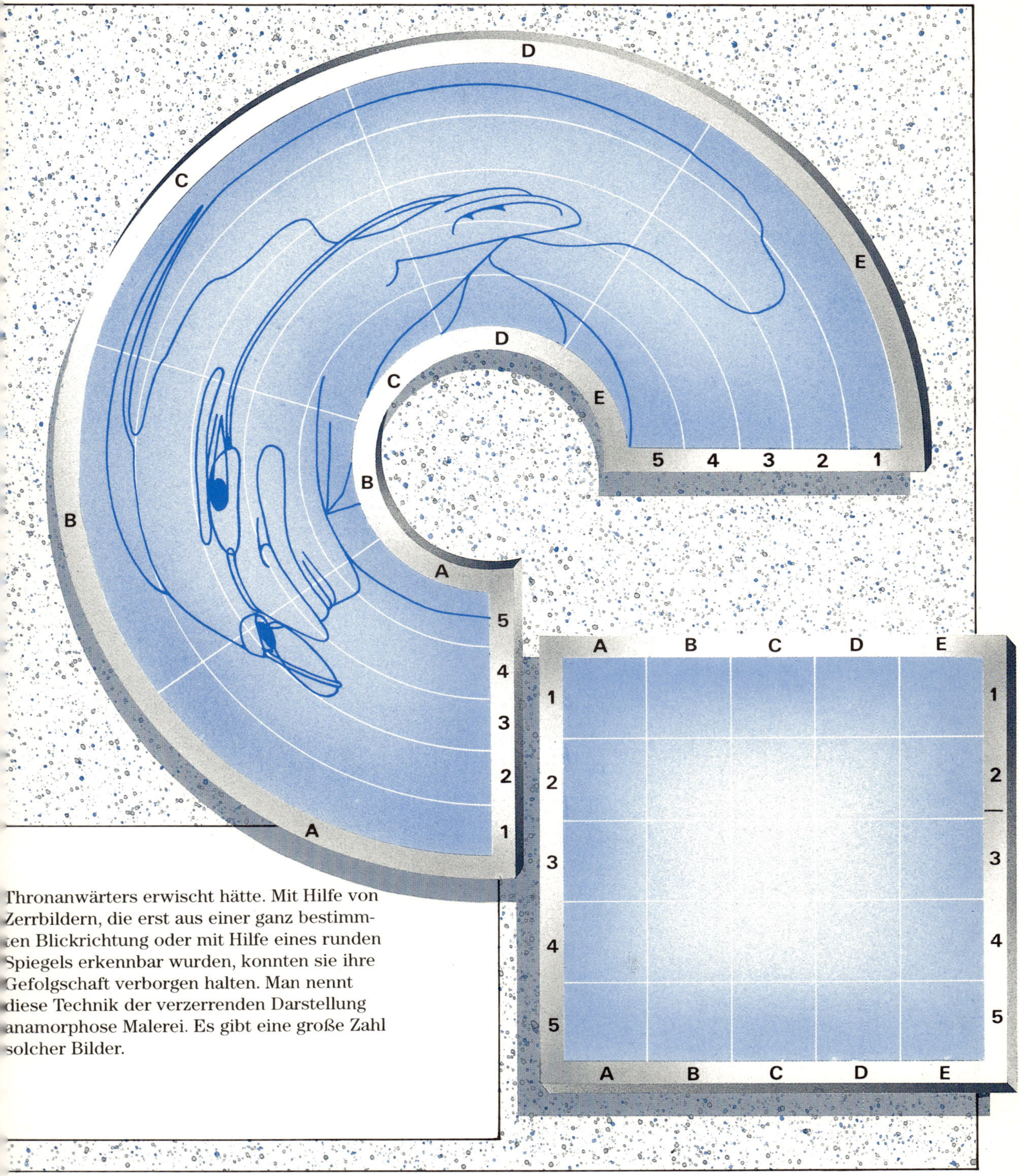

Thronanwärters erwischt hätte. Mit Hilfe von Zerrbildern, die erst aus einer ganz bestimmten Blickrichtung oder mit Hilfe eines runden Spiegels erkennbar wurden, konnten sie ihre Gefolgschaft verborgen halten. Man nennt diese Technik der verzerrenden Darstellung anamorphose Malerei. Es gibt eine große Zahl solcher Bilder.

(Lösungen Seite 61)

Raumfüller

Das Dreieck auf dieser Seite und die Raute auf Seite 45 sollen in gleichseitige Dreiecke zerlegt werden. Es geht darum, die kleinste Zahl von solchen Dreiecken zu finden, die dazu erforderlich ist. Das erscheint auf den ersten Blick einfacher, als es in Wirklichkeit ist.

Die Aufteilung ist unproblematisch, wenn das Dreieck, das zerlegt werden soll, eine Kantenlänge mit gerader Zahl hat (siehe Bild 1 unten). Anders ist es, wenn die Kantenlänge von ungerader Zahl ist. Nach der Abtrennung der ersten Teildreiecke bleibt noch Raum übrig. Auch dieser muß, nach der Aufgabenstellung, in gleichseitige Dreiecke aufgelöst werden. Bei einem Dreieck wie in Bild 2, dessen Kantenlänge durch 3 geteilt werden kann, ist die eingezeichnete Aufteilung sinnvoll. Bild 3 zeigt die Auflösung bei einer Kantenlänge von fünf Einheiten.

1

2

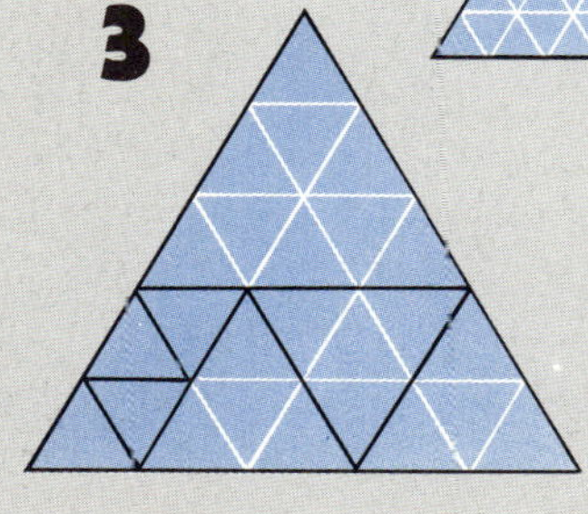

3

Was ist die kleinste Zahl von gleichseitigen Dreiecken, mit der das große Dreieck mit der Kantenlänge 11 aufgeteilt werden kann?

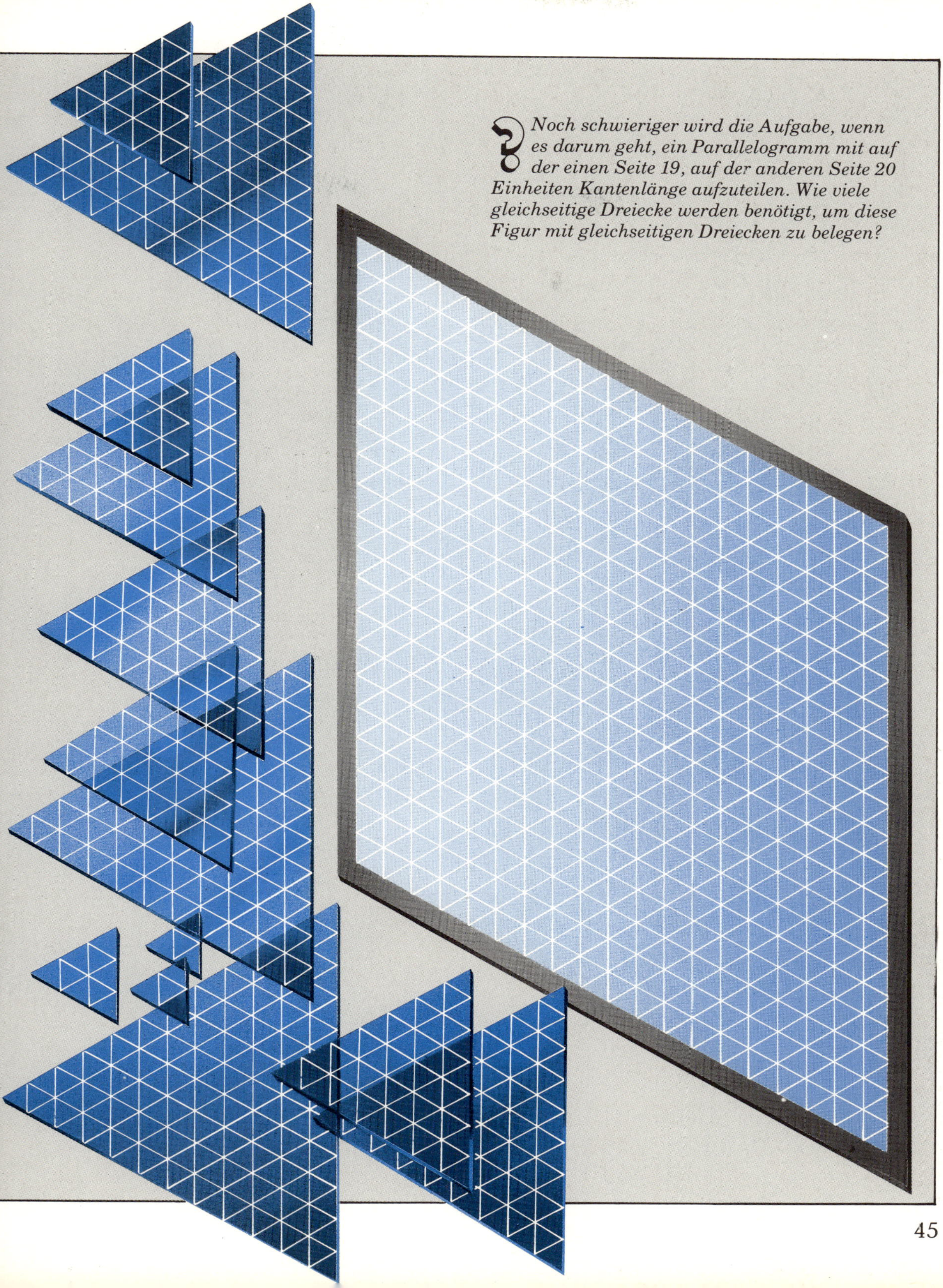

Noch schwieriger wird die Aufgabe, wenn es darum geht, ein Parallelogramm mit auf der einen Seite 19, auf der anderen Seite 20 Einheiten Kantenlänge aufzuteilen. Wie viele gleichseitige Dreiecke werden benötigt, um diese Figur mit gleichseitigen Dreiecken zu belegen?

(Lösungen Seite 61, 62)

U-Bahn

In vielen Städten ist die U-Bahn das schnellste Fortbewegungsmittel. Wenn man allerdings umsteigen muß, so heißt es warten. Umsteigen bedeutet in unserem Spiel, daß man eine Bahn verpaßt, was der Zeit entspricht, in der der Zug die nächste Station erreicht.

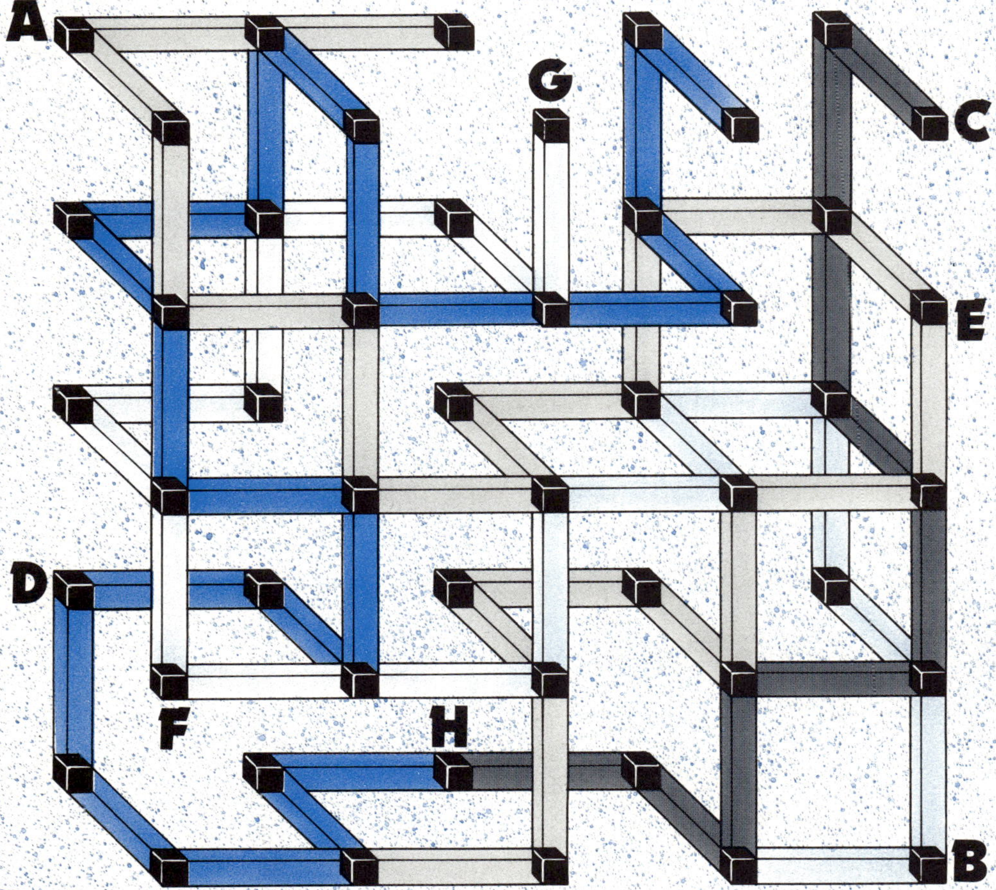

Auf der Tabelle links sind Stationen angegeben, zwischen denen der kürzeste Weg gesucht wird. Jeder Bahnhof einschließlich Start und Ziel zählt als eine Zeiteinheit. Umsteigen kostet eine zusätzliche Einheit.

Welche Verbindung ist die kürzeste?

A nach B ☐ **E nach F** ☐

C nach D ☐ **G nach H** ☐

Dieses Problem ist etwas schwieriger. Wie auf der vorhergehenden Seite gibt es ein U-Bahnnetz mit Umsteigebahnhöfen. Zusätzlich gibt es eine Schnellbahnlinie, die bedeutend weniger Stationen hat und von Bahnhof zu Bahnhof genauso lange braucht, wie die U-Bahn.

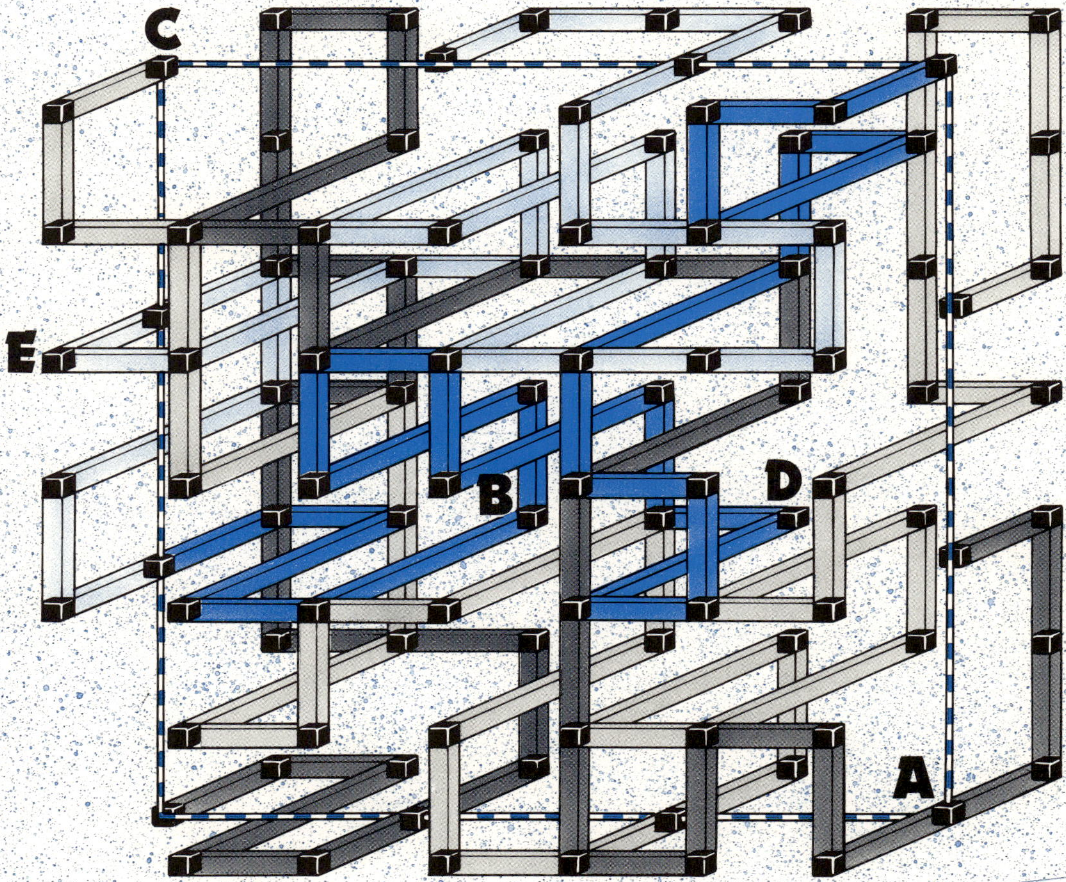

Finden Sie die kürzeste Verbindung zwischen den Stationen, die rechts auf der Tabelle angegeben sind. Jede Station einschließlich des Startbahnhofs zählt einen Punkt. Umsteigebahnhöfe zählen zwei Punkte. Aus- oder Einsteigen auf der Schnellbahn kostet drei Zeiteinheiten.

Welche Verbindung ist die kürzeste?

A nach B	☐	B nach C	☐
C nach D	☐	D nach E	☐

(Lösungen Seite 63)

Computergrafik

Das Universum, in dem wir leben, ist unermeßlich und die Naturgesetze sind komplex. Doch schon ein einfaches, in sich geschlossenes System oder »Universum«, das einfachen Gesetzen gehorcht, kann mancherlei Überraschung beinhalten. Ein moderner Computer arbeitet wie ein kleines Weltsystem: Das Programm, das ihn steuert, ist sein »Naturgesetz«. Schon ein einfaches Schritt-für-Schritt-Programm kann eine erstaunliche Fülle von Ergebnissen hervorrufen.

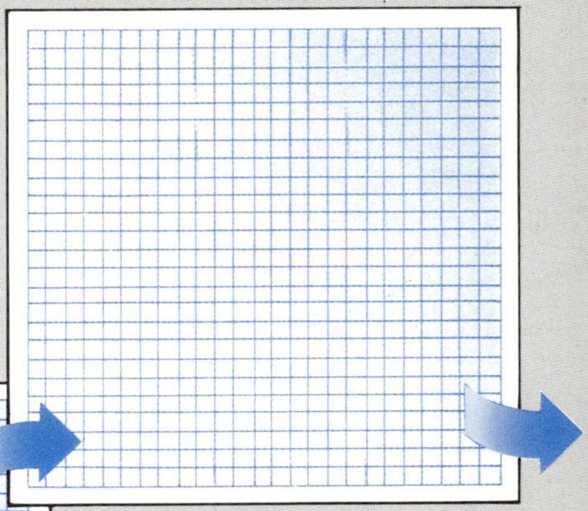

Start

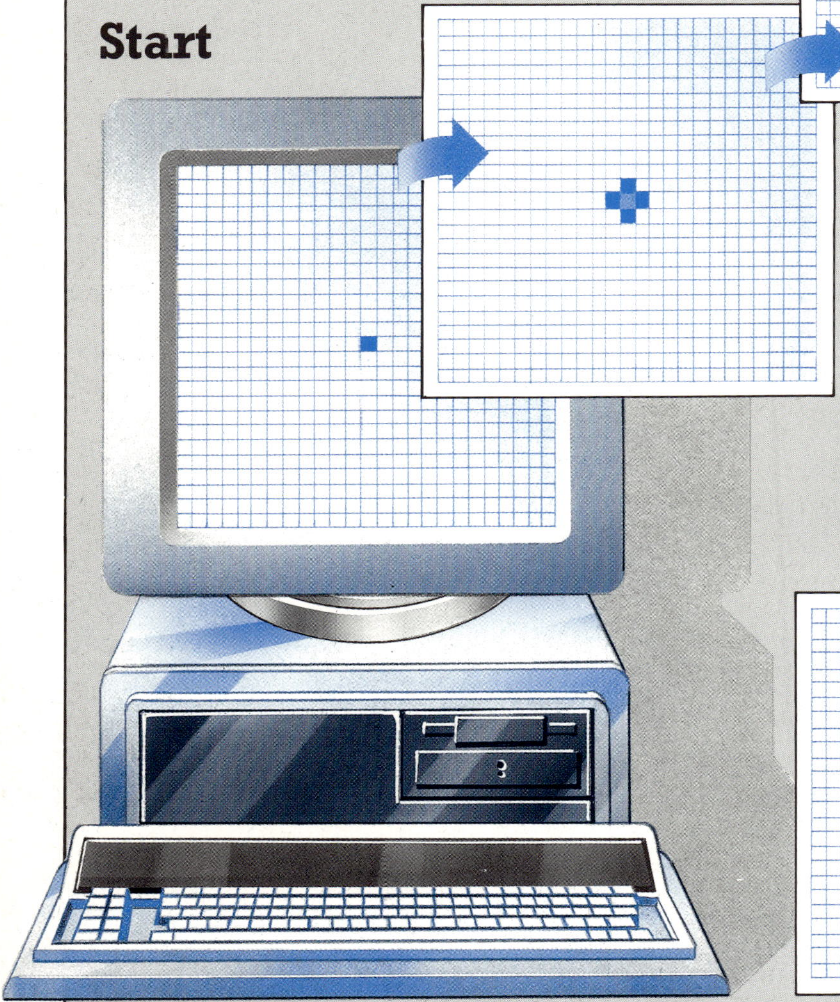

Die Computergrafik auf diesen beiden Seiten wächst und wird von Schritt zu Schritt immer größer und komplexer, wobei sie bindenden Regeln folgt. Ich habe bereits die beiden ersten und zwei spätere Schritte eingezeichnet. Ihre Aufgabe ist es, die leeren »Bildschirme« bis zum elften Bild fortzuentwikkeln.

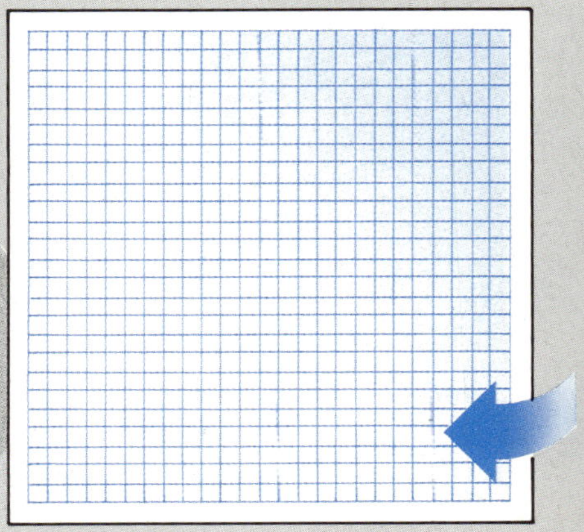

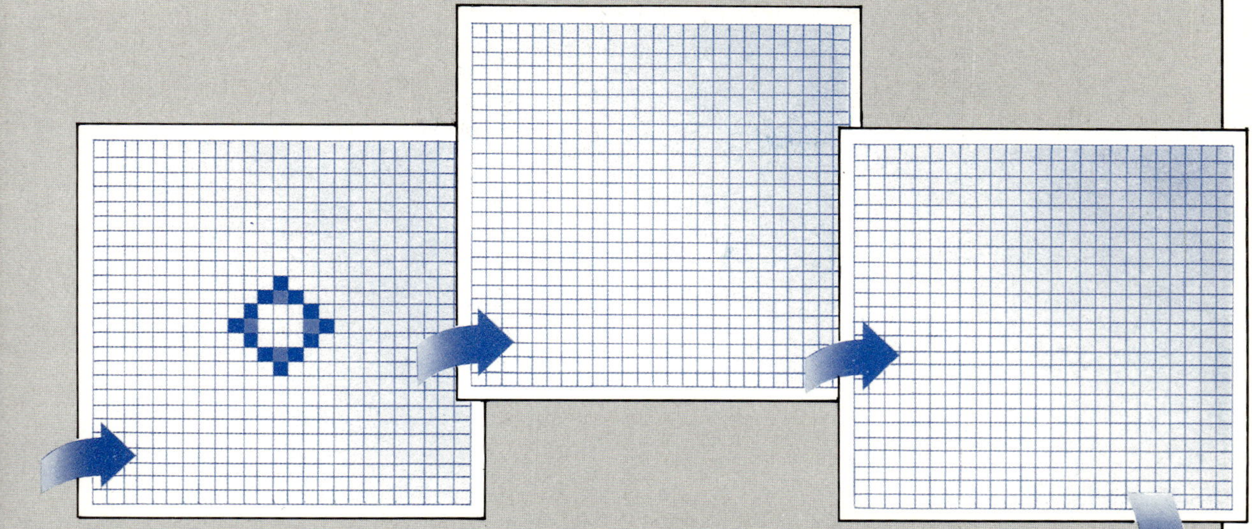

Regeln

1. *Dunkelblaue Felder machen jeweils einen Wachstumsschritt mit. Im nächsten Schritt werden sie dann hellblau und noch einen Sprung weiter werden sie weiß.*
2. *Alle Veränderungen geschehen gleichzeitig. Alle Felder, die sich ändern können oder hinzukommen, folgen den Regeln.*
3. *Neue, dunkelblaue Felder entstehen in dem vorhandenen Muster dort, wo weiße Felder mit nur einer Kantenseite an ein dunkelblaues oder hellblaues Feld angrenzen.*

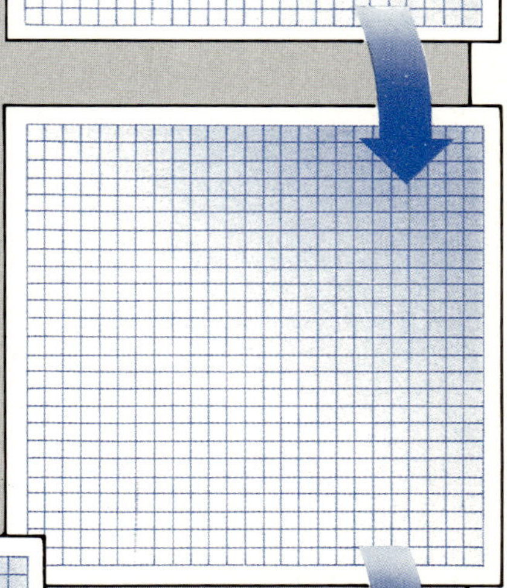

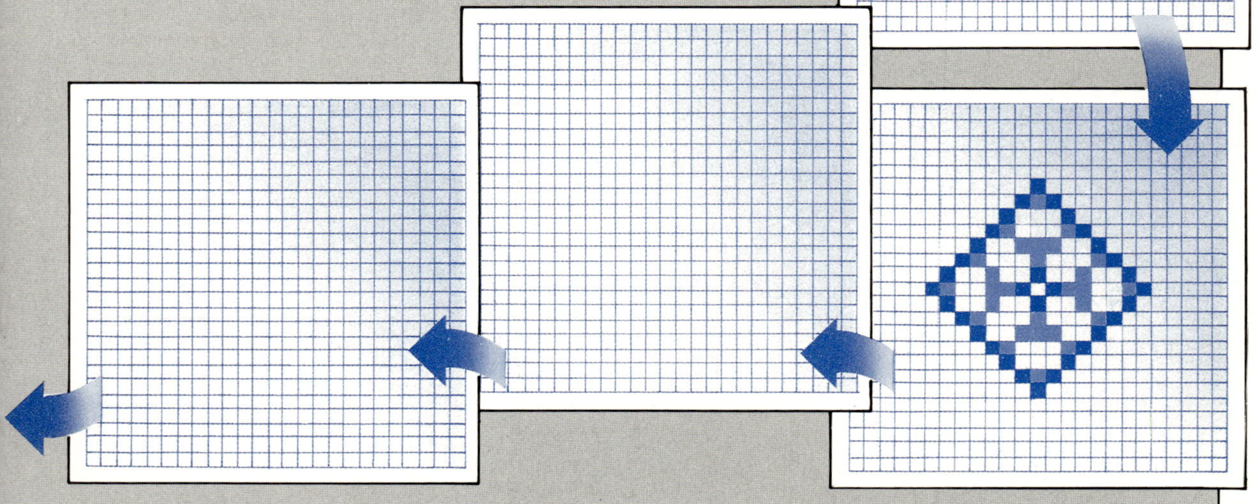

Die Lösungen

Verborgene Formen, Seite 8–9

Die fünfseitige Drachenform, das große M und eines der Achtecke sind zum Teil von den einzelnen Figuren überlagert. Trotzdem können wir die überdeckten Figuren ohne Schwierigkeiten richtig erkennen und wahrnehmen. Eine schematische Analyse würde hier versagen, weil Teile des Umrisses »fehlen«.

VERBORGENE FORMEN

Eine Art, sich unsichtbar zu machen, zu tarnen, die in der Natur häufig beobachtet werden kann, ist die Überlagerung und Verwischung von Umrissen. Ein Gegenstand oder Lebewesen hebt sich von seinem Untergrund nicht mehr erkennbar ab.

Ein anderer, erfolgreicher Weg ist die Erzeugung von auffälligen Mustern, die die Erkennbarkeit anderer Strukturen erschwert. Unser Spiel enthält eine große Zahl von überflüssigen Linien, Farben und Schattierungen, die in sich weitere Formen entstehen lassen. Viele Figuren sind in irreführender Weise ähnlich, wenn auch nicht identisch zu denen, die gesucht werden.

Linientreue, Seite 10

Die absichtlich eingebauten Fehler sind: A 6 B 4 C 2 D 2 D 3 D 6 E 3 E 4 F 3 G 1 G 3

Quadrathölzchen, Seite 11

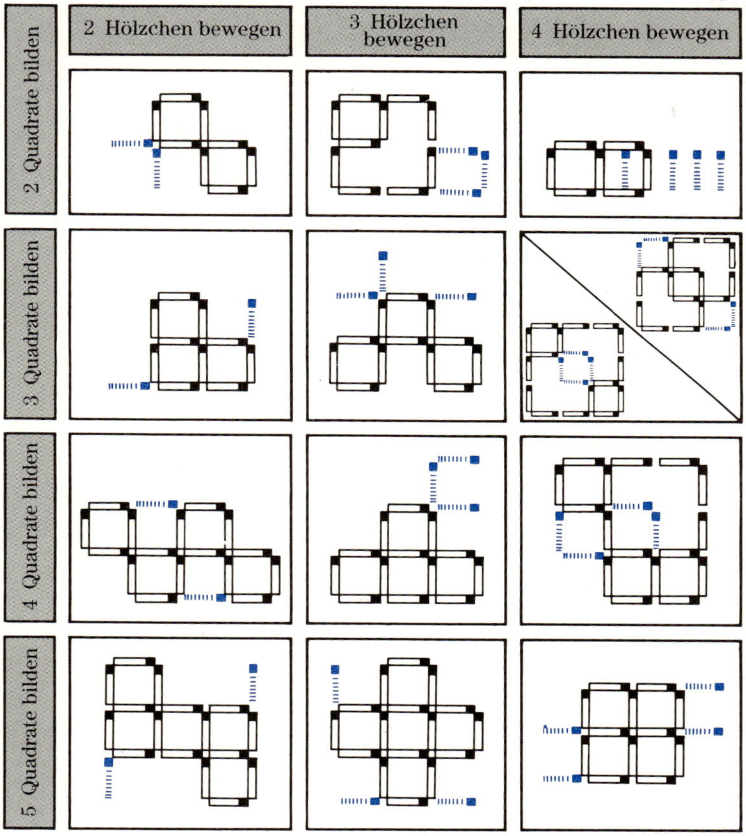

Durchlaufende Linien, Seite 12–13

Die Figuren 2, 3, 4, 5, 6, 7, 8 und 11 können nachgezogen werden, ohne daß der Bleistift abgesetzt werden muß.

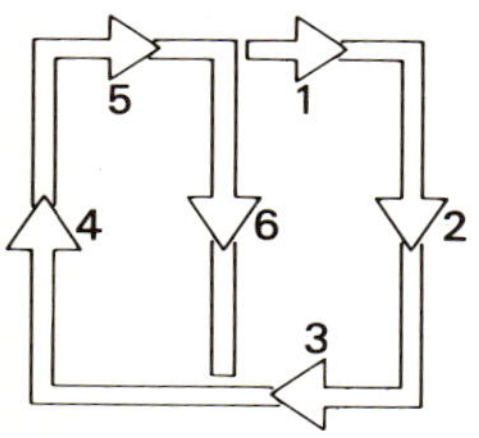

Figur 2

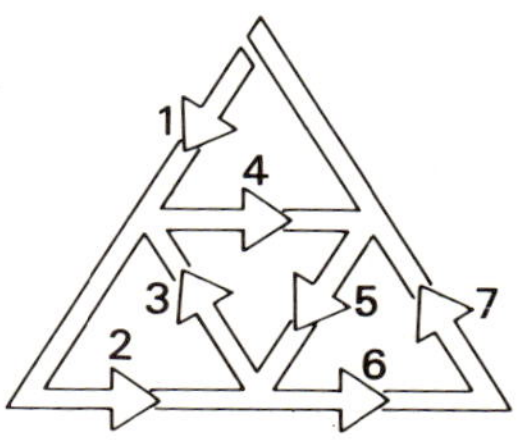

Figur 3

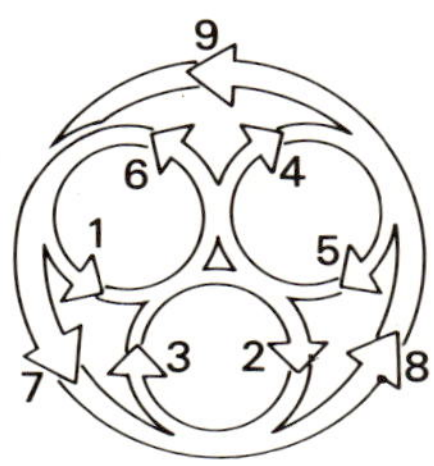

Figur 4

QUADRATHÖLZCHEN

Wie bei vielen Spielen mit Streichhölzern liegt auch hier das Geheimnis darin, sich das Ergebnis vorzustellen, bevor auch nur ein Hölzchen bewegt wird. Bei manchen kommen z. B. Quadrate unterschiedlicher Größe heraus. Andere überlagern sich, und viele haben gemeinsame Kanten. Das heißt aber nicht, daß man nicht auch mit Versuch und Irrtum zum Erfolg kommen kann. Für viele, die mit diesen Problemen nicht umzugehen wissen, ist das sogar der einzige Weg. Schließlich kann man sich auch Schritt für Schritt an die Lösung herantasten, um eine Vorstellung davon zu bekommen, wie die gesuchte Lösung in etwa aussehen könnte, wie groß die gesuchten Quadrate werden müssen und ob sie sich vielleicht überlagern. Wer ein Weilchen mit dieser Art von Problemen herumgespielt hat, kann vielleicht auch selbst Aufgabenstellungen entwickeln, mit der er seine Freunde unterhalten kann.

DURCHLAUFENDE LINIEN

Ein berühmtes Problem, das sich mit der Frage durchlaufender Linien auf einem komplexen Netz beschäftigt, sind die Königsberger Brücken. Jahrhunderte lang stritten sich die Einwohner dieser Stadt darüber, ob es möglich sei, einen Spaziergang zu machen, dabei alle Brücken zu überqueren – jede aber nur ein einziges Mal – und wieder dort anzukommen, wo man begonnen hat.

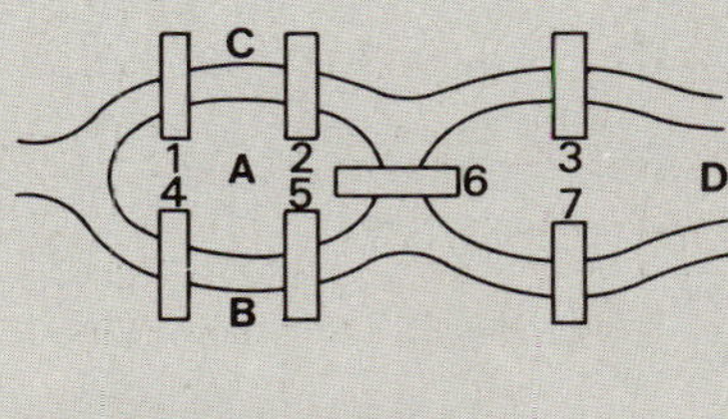

Königsberger Brücken

Durchlaufende Linien (Fortsetzung)

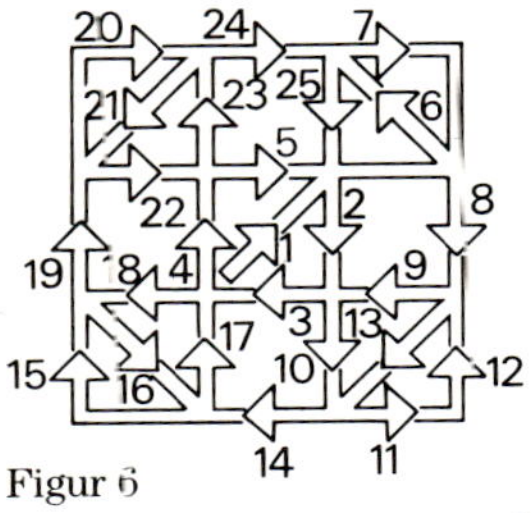

Figur 6

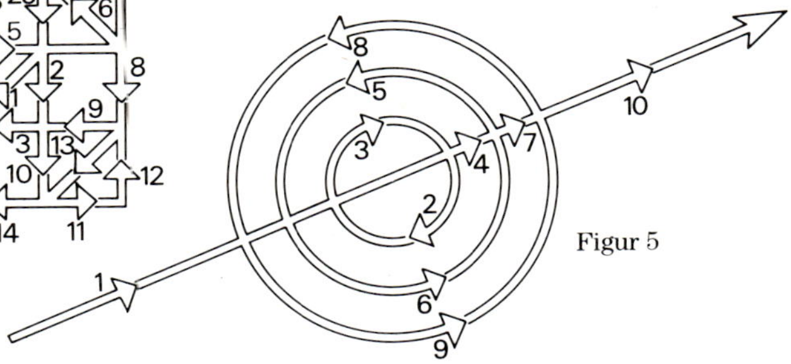

Figur 5

Figur 7

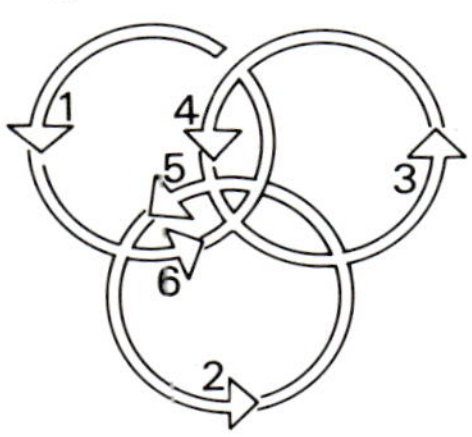

Figur 8

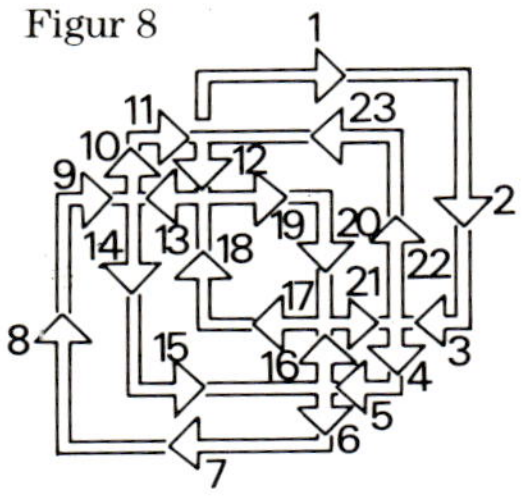

Figur 11

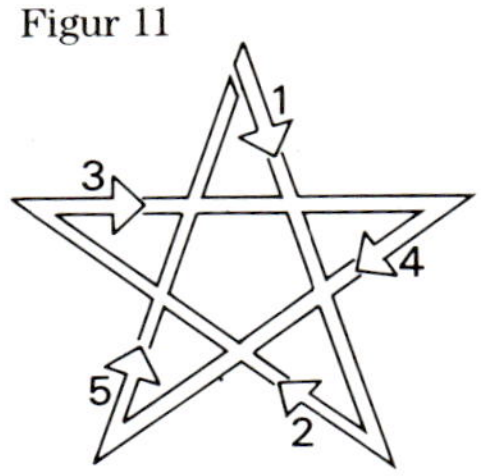

Unmögliche Wege

Figur 9 und 10 lassen sich nicht nachziehen, ohne daß der Stift abgesetzt werden muß. Denn beide sind Varianten der »unmöglichen« Figur (Kreis mit Kreuz) auf Seite 13.

Die allgemeine Regel dazu besagt, daß der Pfad durchgezogen werden kann, wenn es mehr als zwei Kreuzungen mit einer ungeraden Zahl von Wegen gibt. Wenn es zwei Kreuzungen mit einer ungeraden Zahl von Wegen gibt, so liegt die Figur im Grenzbereich: wenn man sie nachziehen kann, so wird die Linie jedenfalls nicht dort enden, wo man begonnen hat. Die Wahl des richtigen Startpunkts ist für viele Figuren der Schlüssel für den rechten Weg.

Der bedeutende Schweizer Mathematiker Leonhard Euler bewies schließlich, daß dies ein Ding der Unmöglichkeit ist. Er löste das Problem in geometrischer Form auf. Unten sind dazu zwei moderne Darstellungen abgebildet, die, wie man heute sagt, topologisch äquivalent zum Original sind. Auf dem Originalplan wie auf diesen Darstellungen wird schnell klar: Das Problem entsteht nach der dritten Brücke. Von dort müßte es eine Verbindung zur vierten geben. Dann wäre die Weiterverfolgung des Wegs ohne Schwierigkeiten möglich.

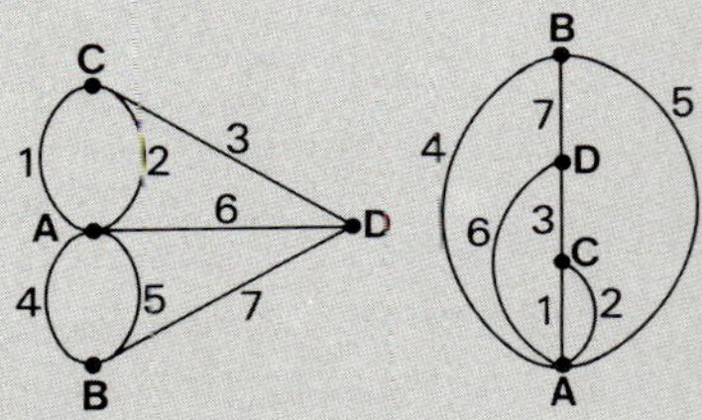

topologisch äquivalent

Klötzchen zählen, Seite 14–15

Spiel 1

1 – 30 Würfel **2** – 20 Würfel
3 – 18 Würfel **4** – 18 Würfel
5 – 40 Würfel **6** – 56 Würfel
7 – 58 Würfel **8** – 38 Würfel

Spiel 2

Die optische Hilfe, auf die auf Seite 15 hingewiesen wurde, besteht darin, das Buch umzudrehen und auf den Kopf zu stellen. Dadurch »kippt« die Figur und die fehlenden Würfel erscheinen plastisch sichtbar.

fehlende Blöcke	1	2	3	4	5
drei Seiten gefärbt	1	1	1	1	1
zwei Seiten gefärbt	6	6	6	3	10
eine Seite gefärbt	12	12	12	3	19
ungefärbt	7	—	1	—	6
Summe	26	19	20	7	36

FELDER AUFTEILEN

Die rechts unten abgebildete Lösung zeigt nur 36 Möglichkeiten, wie eine Fläche von 6 × 6-Feldern in kongruente Viertel geteilt werden kann. Dabei bleiben aber Drehungen und Spiegelungen unberücksichtigt. Nimmt man diese hinzu, so gibt es mehr als 96 Möglichkeiten. Unberücksichtigt bleibt bei dieser Betrachtung außerdem noch die allereinfachste Teilung, nämlich in Flächen von 3 × 3-Feldern. Bei dieser sind Drehungen und Spiegelungen nicht ohne zusätzliche Markierungen erkennbar.

KLÖTZCHEN ZÄHLEN

Diese Art von Problemen beruht auf unserer Wahrnehmung der Tiefenwirkung und der Umsetzung dreidimensionaler Erscheinungsbilder in eine zweidimensionale Darstellung. Wir beherrschen diese Zusammenhänge heute so perfekt, daß Computer programmiert werden können, dreidimensionale Gegenstände aus jedem beliebigen Blickwinkel heraus darzustellen und richtig zu interpretieren. Hologramme sind heute nicht mehr nur Spielereien für progressive Künstler, sondern dienen wirtschaftlichen Zwecken, vor allem bei Sicherheitsmaßnahmen. Wir wissen aber auch, daß perspektivische Darstellungen falsch interpretiert werden können. Vielleicht haben Sie schon mal das überraschende Bild eines perspektivischen Raums gesehen, bei dem ein Mensch von links nach rechts hindurchläuft und dabei, so meint man, schrumpft. Das liegt daran, daß der Raum eben nicht rechtwinklig ist. Es liegt also eine Täuschung der optischen Wahrnehmungsfähigkeit vor.

Unsere Probleme enthalten keine solchen Tricks. Doch wie ich in meiner zweiten Frage andeutete, gibt es einen kleinen Trick, der alle Schwierigkeiten auflöst und die Perspektive zur Hilfe für die Lösung werden läßt. Stellen Sie das Buch auf den Kopf. Sie sehen nun die fehlenden Würfel so, als wären sie da. Die eingefärbten Würfel erscheinen lediglich als bemalte Umrandung.

Felder aufteilen, Seite 16–17

Wenn man die Hälften und Viertel mit Farbe schattiert, besteht immer die Gefahr, daß man ein und dieselbe Variante auf Grund der Farbunterschiede für unterschiedliche Lösungen hält.

Dies sind die fünf Möglichkeiten, ein 4 × 4-Feld zu vierteln:

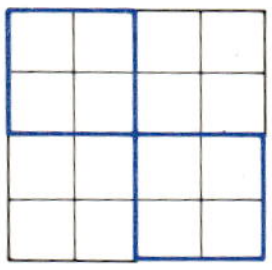
1
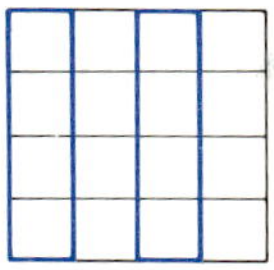
2
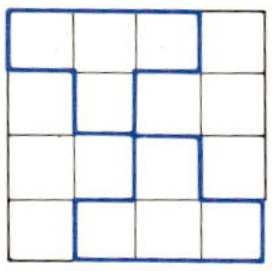
3
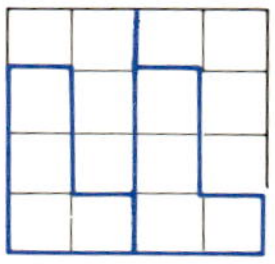
4
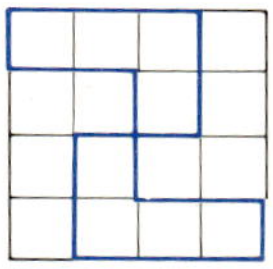
5

Dies sind die sechs Möglichkeiten, ein 4 × 4-Feld zu halbieren:

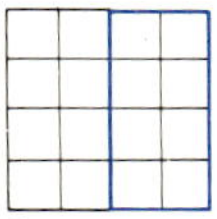
1
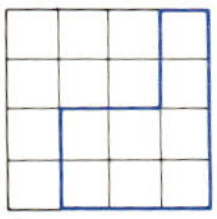
2
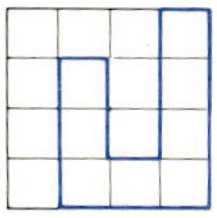
3
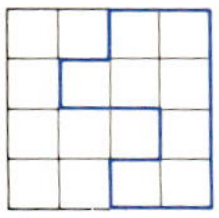
4
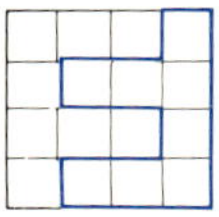
5
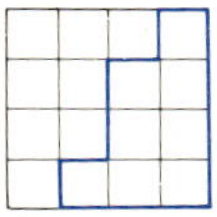
6

Die vollständigen Sätze von 6 × 6-Feldern, die in kongruente Viertel geteilt sind, sind unten abgebildet. In der visuellen Logik stecken zwei Elemente. Die beiden oberen und die unteren Quadrate sind Spiegelungen; die unteren Quadrate sind Drehungen der oberen um 90 Grad.

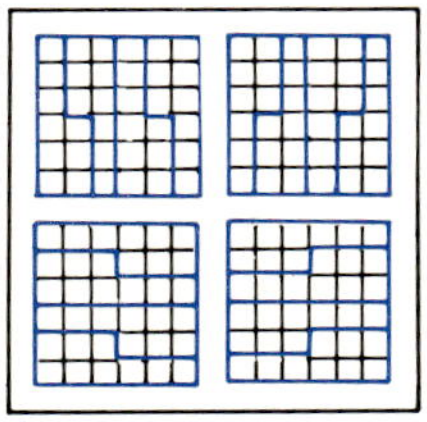
1
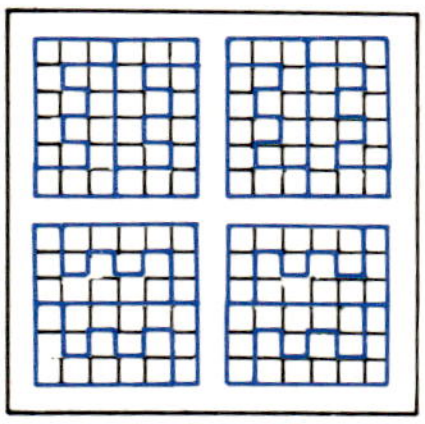
2
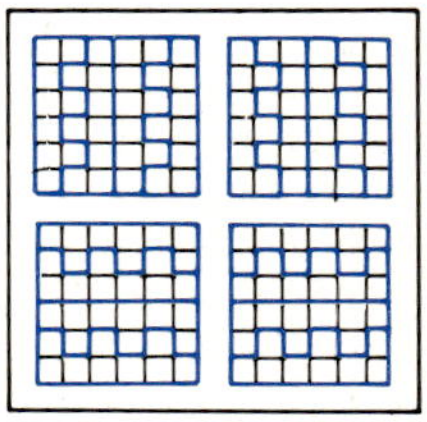
3
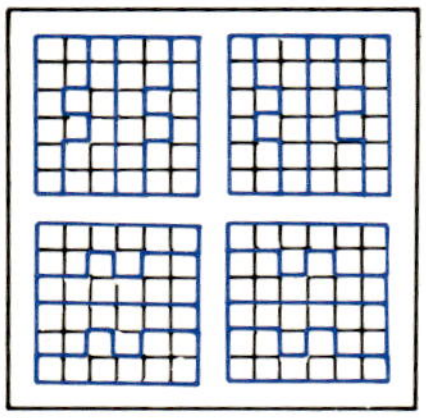
4
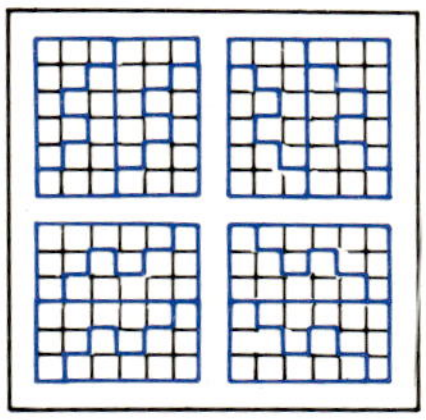
5
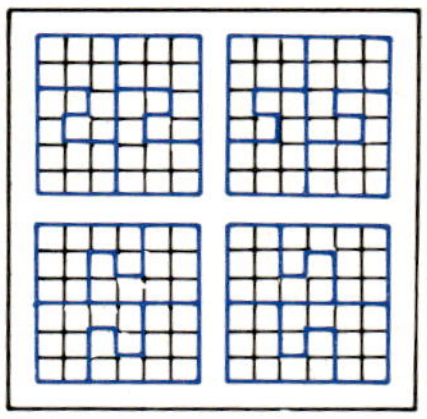
6
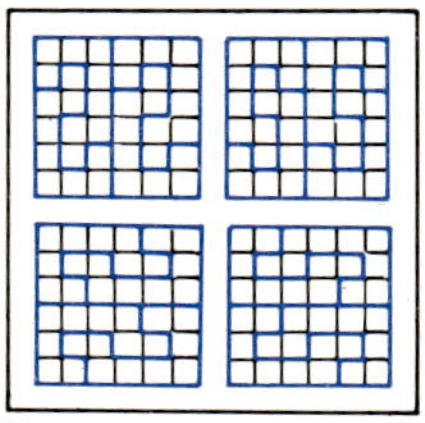
7
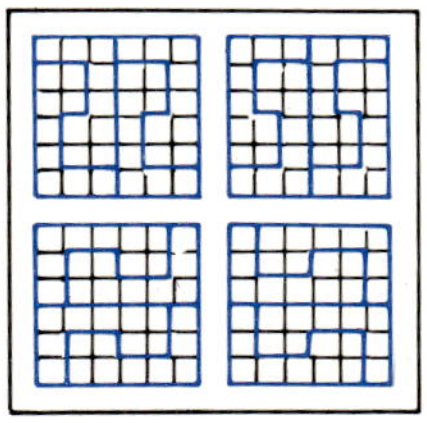
8
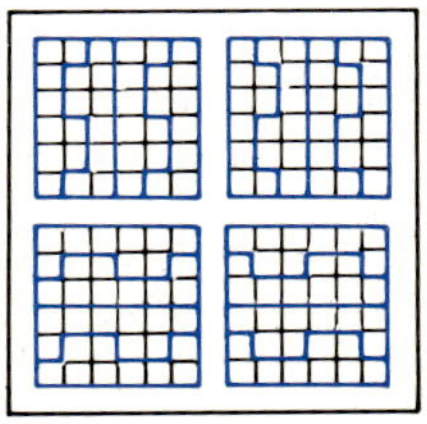
9

Würfelprobleme, Seite 18 – 19

Frage 1: Wenn man einen Würfel liegen läßt, während man den anderen dreht, gibt es 24 Variationen. Mit jeglicher Position des anderen Würfels kombiniert ergibt das 24 × 24 = 576 Positionen.

Frage 2: Solange die Position der Würfel nicht verändert wird, ist das Problem entsprechend zu lösen: Es gibt bei drei Würfeln 24 × 24 × 24 = 13 824 unterschiedliche Positionen.

Frage 3: Solange die Würfel in dem Achterblock nur gedreht oder gekippt, nicht aber untereinander ausgetauscht werden und man die Drehung eines Würfels um 90 Grad bereits als Variation des Gesamtmusters ansieht, gibt es $24^{24} \times 8$ = 110 075 314 176 Möglichkeiten.

SPIEL 2
So sieht der Würfel aus, wenn die fehlenden Symbole eingesetzt sind:

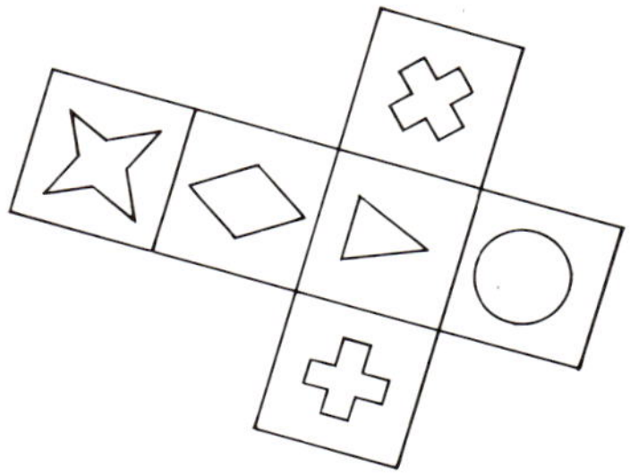

Der eingeschmuggelte Würfel ist derjenige, der keine freie Seite hat. Seine Symbole passen nicht in das Muster, das die übrigen Würfel vorgeben.

Die Form in der Form 1, Seite 20 – 21

Das T-förmige Vieleck enthält 16 gleichförmige Teile, das gestufte Vieleck 36. Die beiden L-förmigen Figuren enthalten jeweils vier gleichförmige Verkleinerungen.

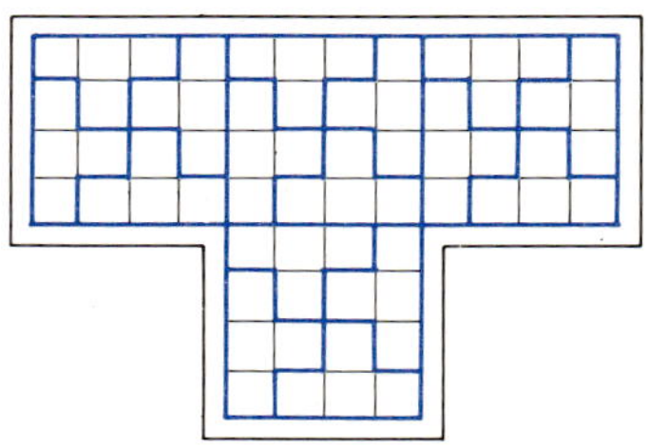

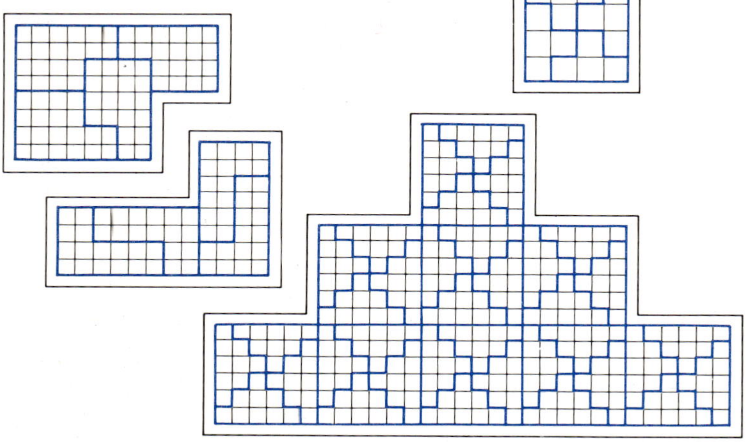

WÜRFELPROBLEME

Spiel 1 (Frage 2 und 3)
Sobald man die Position der drei Würfel bzw. der acht Würfel untereinander austauscht, multipliziert sich die Zahl der Möglichkeiten noch um die Zahl der Positionsvarianten.

Drei Würfel lassen sich in drei verschiedenen Kombinationen arrangieren (ABC, BAC und ACB. Die anderen drei Möglichkeiten sind identisch und entfallen damit). Für jede dieser drei Reihenfolgen gibt es, wie wir gesehen haben, 13 824 Möglichkeiten. Daraus folgt eine Gesamtzahl von 41 472.

Wenn man davon ausgeht, daß acht Würfel 20 160 verschiedene Positionsvarianten erlauben, so gibt es, zusammen mit den Dreh- und Kippvarianten, eine Zahl von Möglichkeiten, die in der Größenordnung von 2219×10^{15} liegt.

Spiel 2
Dieses Spiel wird dadurch erschwert, daß man nicht, wie sonst üblich, drei Seiten eines Würfels sieht, sondern in den meisten Fällen nur zwei. Dazu kommt die falsche Spur, die der zusätzliche falsche Würfel legt. Man kann dieses Problem tatsächlich nur dadurch in vernünftiger Form lösen, daß man die jeweils zusammenpassenden benachbarten Seiten aneinandersetzt, um auf der Abwicklung den kompletten Würfel zu konstruieren.

Die Form in der Form 2, Seite 22–23

Frage 1: Es lassen sich jeweils 8 Teile auf der Fläche unterbringen. Es gibt dazu zwei Lösungen. Siehe unten.

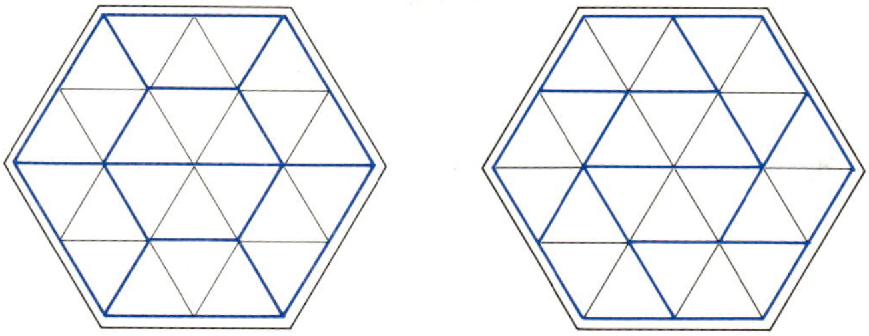

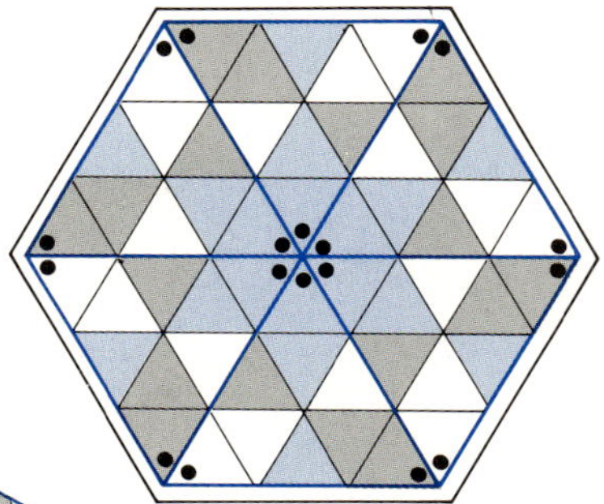

Frage 2: 18 Fische passen auf die Fläche. Siehe Abb. rechts.

Frage 3: 9 Fischchen passen auf die Form des großen Fisches. Siehe unten.

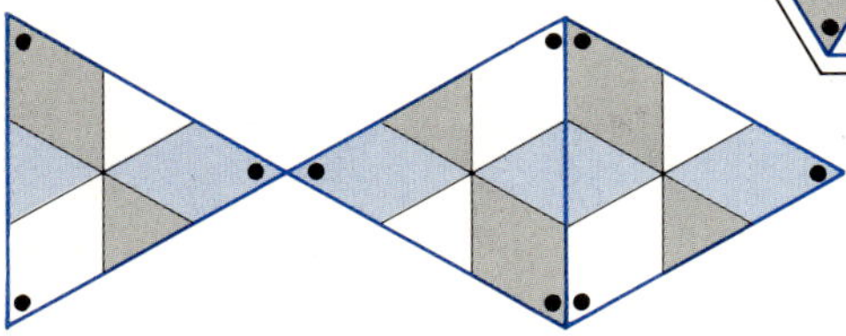

DIE FORM IN DER FORM 1 und 2

Jeder von uns hat schon mal einen gefliesten Küchen- oder Badezimmerboden gesehen, bei dem helle und dunkle Kacheln schachbrettartig aneinandergesetzt sind. Jedermann kennt natürlich auch die regulären Muster von Mosaikflächen und Parkettböden. Die Grundform muß nicht unbedingt quadratisch sein; es gibt ebenso Sterne, Dreiecke, Rauten, Sechsecke und andere Figuren, die zu regelmäßigen Flächen ausgelegt werden können.
Wenn man einmal von rechteckigen Mustern absieht, so tauchen bei solchen Mosaikarbeiten oft Probleme an den Rändern auf. In der Regel müssen Kacheln, um einer Fläche einen geraden Rand zu geben, beschnitten werden. Bisweilen trifft man auf Mosaikarbeiten, bei denen größere Formen – in der Weise, wie in unserer Aufgabenstellung – aus gleichförmigen kleineren Elementen bestehen. Mosaikartige Strukturen kommen in der Natur nur sehr selten vor. Die einzige Ausnahme sind wohl manche Kristalle.

Billard, Seite 24–25

Der Weg der Kugel ist auf dieser und auf der nächsten Seite abgebildet. Der Stoß, der nicht zum Erfolg führen kann, ist auf Tisch B in Spiel 3.

Spiel 1

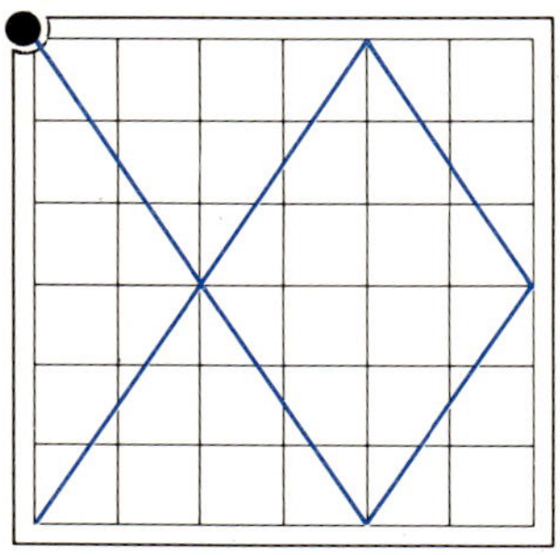

A

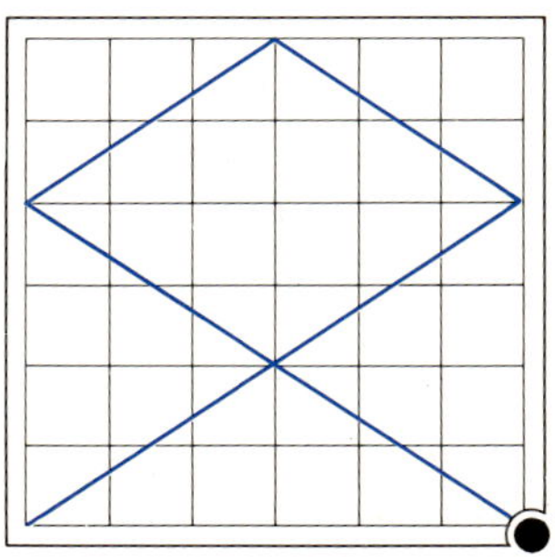

B

BILLARD

Den Stoß, der in Wirklichkeit nicht möglich ist, zeigt Tisch B in Spiel 3. Wenn die Kugel siebenmal zurückgeprallt ist, rollt sie bis kurz vor das Loch, doch die Richtung stimmt nicht genau. Eine exakte Überprüfung beweist dies. Doch wenn man die Linie freihändig zeichnet, ist die Versuchung natürlich groß, die Kugel ein wenig nach oben abzulenken. Ich habe bei diesen Spielen ausdrücklich vorausgesetzt, daß die Kugel jeden beliebig weiten Weg durchlaufen kann. Beim echten Billard kommen aber Faktoren ins Spiel, die berücksichtigt werden müssen. Die Kugel wird durch Reibung und

Energieverlust beim Zurückprallen vom Rand immer langsamer.

Man kann den Gedanken eines solchen Entropie-Faktors in diese Art von Spielen einbringen. Man könnte sich z. B. fragen, wie viele der Aufgaben tatsächlich erfolgreich bewältigt werden könnten, wenn sich die ursprüngliche Geschwindigkeit der Kugel bei jedem Feld, das durchlaufen oder angeschnitten wird, halbiert. Dazu könnte man eine maximale Startgeschwindigkeit, die einer Reichweite von 50 Einheiten entspricht, annehmen. Für jeden Abprall könnte man einen Energieverlust von 10 Prozent einsetzen. Natürlich ist da auch jeder andere Prozentfaktor oder jeder andere Verzögerungsfaktor denkbar.

Außerdem kann man in ein mathematisches Modell noch die Einflüsse einbringen, die durch die Drehungen der Kugel hervorgerufen werden.

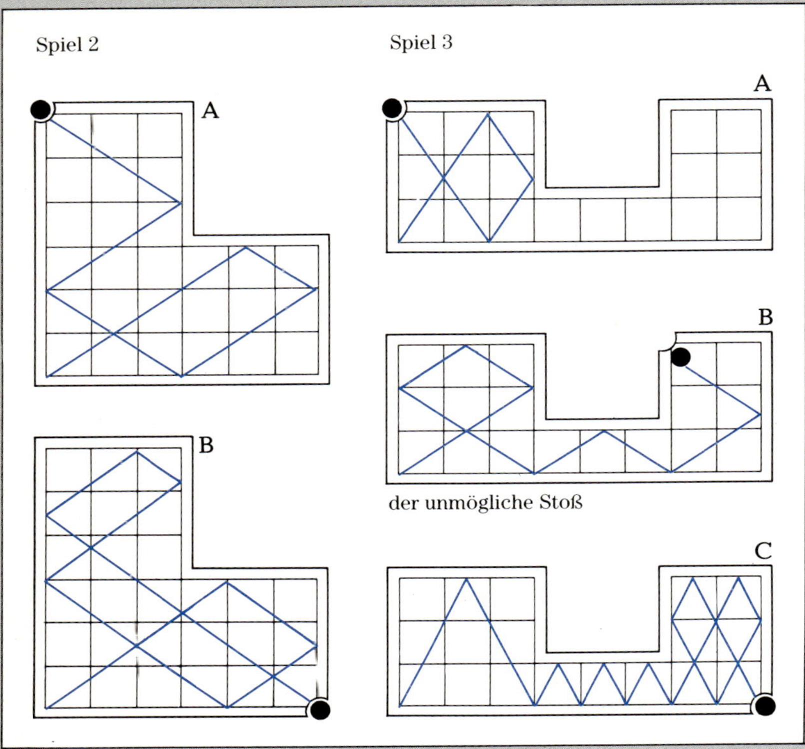

Tortenstückchen, Seite 26–27

Weil in einem dreigeteilten Kuchen viele Ringe eines Teilstücks mit vielen anderen Berührung haben, braucht man mindestens sieben Farben, damit die Aufgabe erfüllt werden kann. Für den viergeteilten Kuchen gibt es keine andere Lösung, als die aufgezeigte. Die übrigen Kuchen werden so ausgefüllt, wie auf den folgenden Bildern dargestellt.

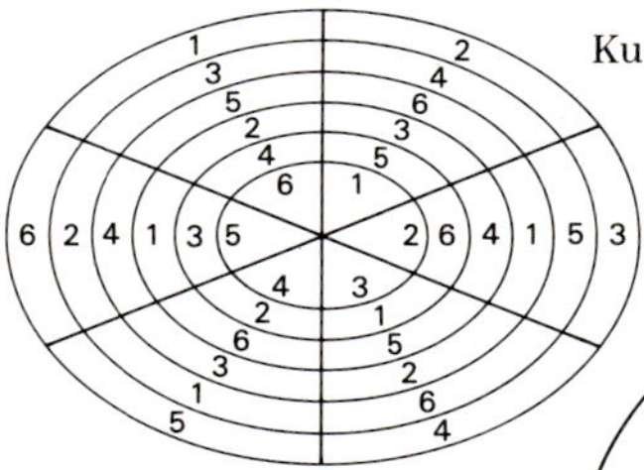

Kuchen 1

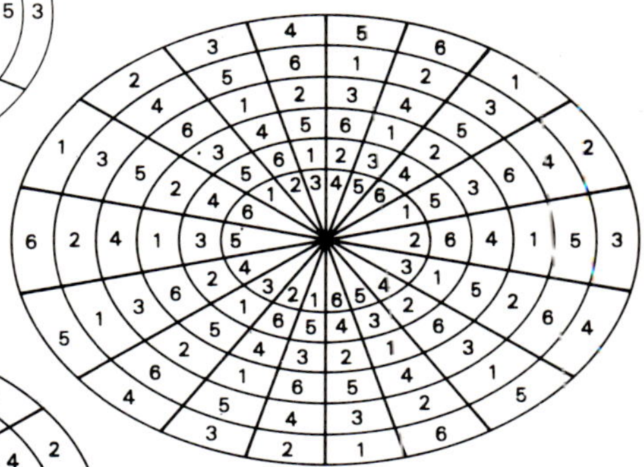

Kuchen 2

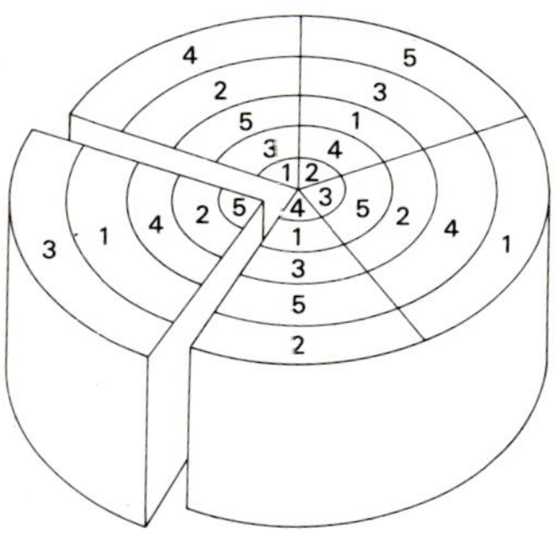

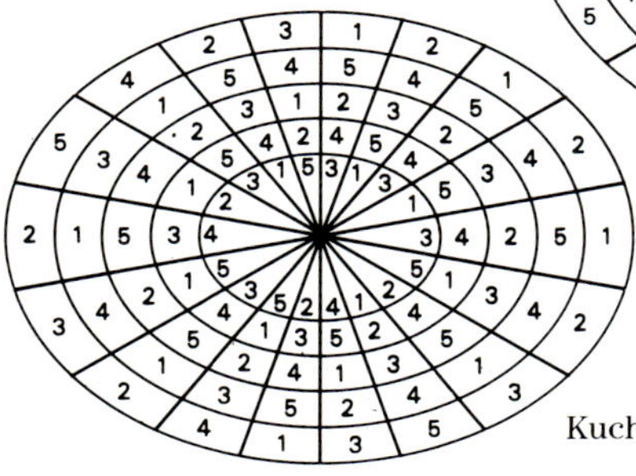

Kuchen 3

Hohle Würfel, Seite 28–29

Hier sehen Sie die richtigen Muster abgebildet. Ist es Ihnen gelungen, auf dem 8 × 8-Feld das stilisierte M zu entdecken?

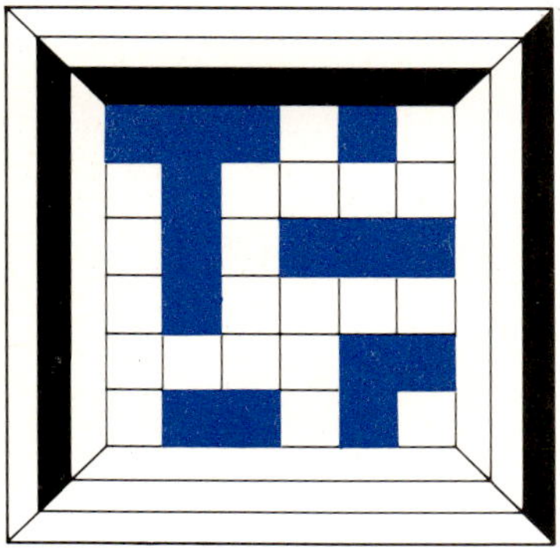

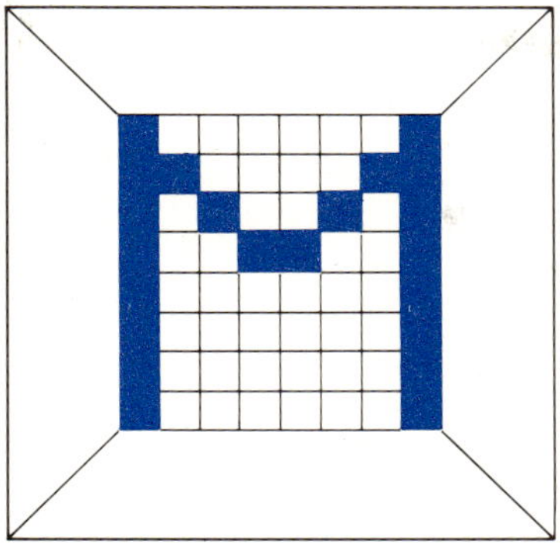

Wie viele?, Seite 30

In den Kästen rechts steht zu jeder Aufgabe die gesuchte Anzahl.

1: 76	2: 36	3: 52
4: 9/6	5: 39/7	6: 18
7: 25	8: 31	9: 15

Steckbrett, Seite 31

Frage 1: Es gibt 20 Quadrate in fünf unterschiedlichen Größen.

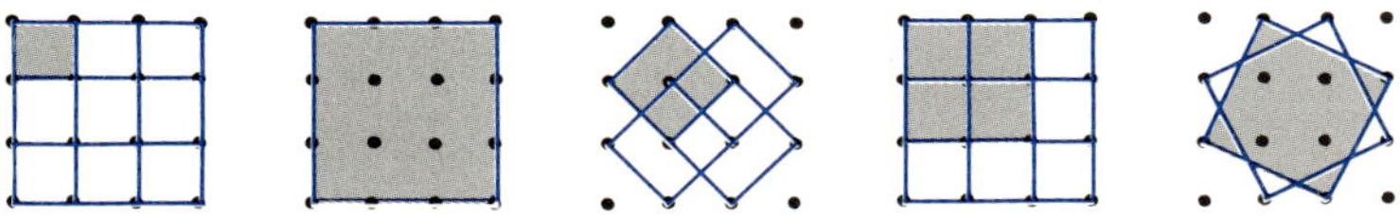

Frage 2: Es gibt 21 Quadrate. Zählt man allerdings auch die Quadrate mit, die sich durch die Verbindungslinien ergeben, so hat man 35.

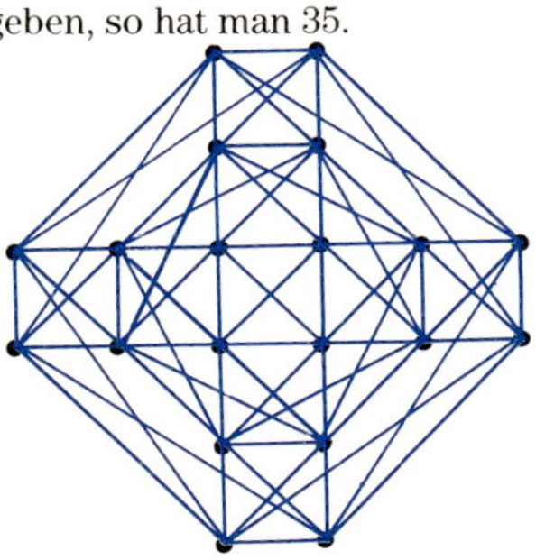

Frage 3: Die sechs Stecksteine, die entfernt werden müssen, sind:

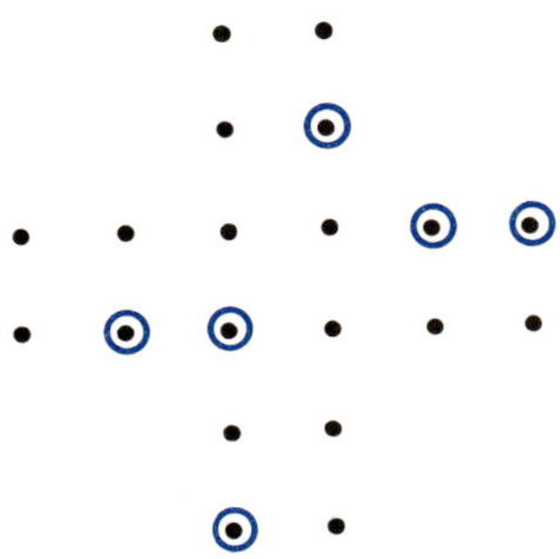

HOHLE WÜRFEL

Diese Art von Problemen hängt im gleichen Maß von der Logik wie von der Beobachtungsgabe ab. Logik ist erforderlich, um die Teile, die sichtbar sind, richtig zuzuordnen, damit das Lösungsmuster ausgefüllt werden kann. Dabei muß jede Information verwertet werden. Bei der zweiten Aufgabe ist die Information unvollständig. Hier hilft die Logik über den Hinweis auf die Symmetrie, das Lösungsmuster zu deduzieren. Ich betone die Notwendigkeit, bei diesem Problem die Logik heranzuziehen, denn es ist oft der Fall, daß Menschen, die sich stark auf ihre Beobachtungsgabe verlassen, verwirrt sind oder bald aufgeben, wenn sie in einer Aufgabe ein Element finden, das nicht sichtbar ist und deshalb deduktiv oder durch intuitives Raten ermittelt werden muß.

WIE VIELE?/STECKBRETT

Für viele ist die Zählerei an dieser Art von Aufgaben das Schwierigste. Vor allem beim ersten Spiel ist die Fähigkeit gefordert, Kategorien zu bilden und die Formen in den einzelnen Mustern richtig zuzuordnen, ehe man dazu übergeht, die Formen desselben Musters in einer anderen Größe zu zählen. Hier gibt es sehr große Unterschiede, wobei die Erfahrung sicher auch eine wichtige Rolle spielt.

Schwierigkeiten bereiten auch Maßstabs-Fragen bei dem zweiten und dritten Spiel. Das gilt vor allem für Quadrate, die nicht parallel zur Grundlinie liegen.

Innen, außen, Seite 32–33

Es genügen einfache mathematische Grundkenntnisse, um die Ergebnisse für die einzelnen Figuren zu überprüfen. Die Fläche für das Quadrat, das Rechteck und die Raute ist jeweils Länge der Basis × Höhe.

Der Kreis errechnet sich aus π (= 3,142) × Radius^2.

Fünf- und Sechseck können in Dreiecke zerlegt werden, deren Flächen man errechnen kann. Das Ergebnis wird mit 5 bzw. mit 6 multipliziert.

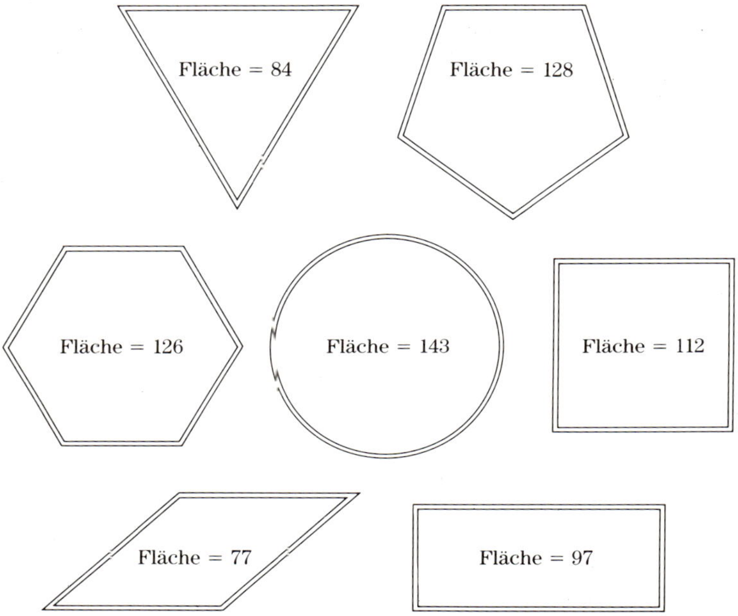

Würfel und Wege, Seite 34–35

Dies sind die Lösungen für die Würfelgebilde

Spiel 1

Antworten			
drei Paare	1,8	4,10	7,5
Dreiergruppe			2,3,9
ohne Entsprechung		6	

Spiel 2

Entfernungen	
Arm Nr. 1	27
Arm Nr. 2	28
Bein Nr. 1	37
Bein Nr. 2	37

WÜRFEL UND WEGE

Die Tatsache, daß ein und derselbe Gegenstand von einem anderen Standpunkt betrachtet völlig anders aussehen kann, wird häufig von realistischen Malern, insbesondere von solchen, die Landschaften darstellen, ausgenützt. In diesen Fällen verändert sich unsere Wahrnehmung, obgleich wir uns dessen bewußt sind, daß keine tatsächliche Veränderung vorliegt. Man findet oft Maler, die ihr Werk erst dann für vollendet erklären, wenn sie es sich in einem Spiegel angesehen oder mit dem Rücken zur Leinwand, durch die eigenen Beine betrachtet haben. Sie gewinnen damit einen völlig anderen Blickwinkel. Einzelheiten, die einer Korrektur bedürfen, fallen auf diese Weise besonders auf.

Diese Art der Wahrnehmung zeigt, daß das Bewußtsein dreidimensionale Bilder aufarbeitet und speichert. Wir ordnen alles ein, was wir sehen, und können uns daran erinnern. Im allgemeinen sind wir in der Lage, solche Eindrücke zum Zweck des Vergleichs oder der Wiedererkennung aus dem Gedächtnis hervorzuholen. Das gilt auch dann, wenn wir etwas in unerwarteter Form zu Gesicht bekommen. Wir benützen diese Fähigkeit, Dinge zu vergleichen, wiederzuerkennen und in Beziehung zu setzen, im Grunde in jedem Augenblick unseres Lebens. Für diejenigen, die diese Fähigkeit z. B. durch einen Unfall verlieren, wird das Alltagsleben in erschreckender Weise kompliziert.

Spiel 2
Der Roboter kann auch als 2-Personen-Spiel dienen. Ein Spieler bewegt sich dabei von Hand 1 zu Fuß 1, der andere von Hand 2 zu Fuß 2. Ein Würfel kann dabei nur von einem Spieler belegt sein. Jeder Würfel, der einmal von einem Spieler in Anspruch genommen wurde, wird damit für den anderen Spieler unbenutzbar. Bei diesem Spiel gibt es ein paar hinterlistige taktische Möglichkeiten, dem Gegenspieler einen Strich durch die Rechnung zu machen.

Die Suche nach dem Polygon, Seite 36–37

Wie man sieht, ist die Zahl der möglichen Figuren in diesem auf so einfache Weise konstruierten Grundmuster fast unbegrenzt.

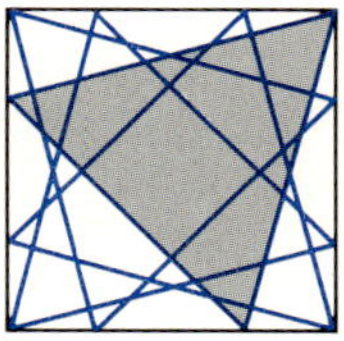
1

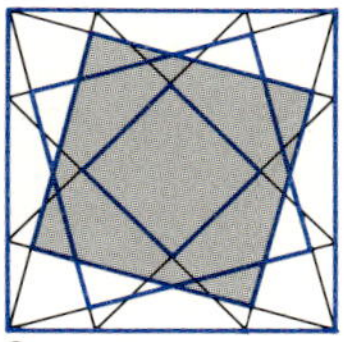
2

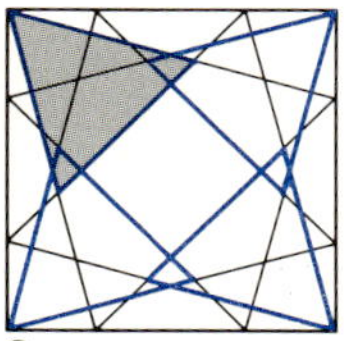
3

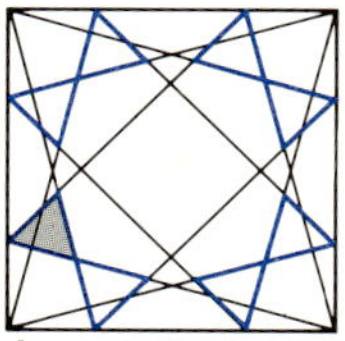
4

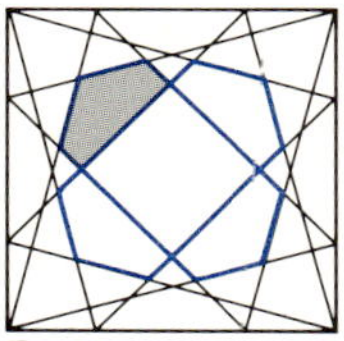
5

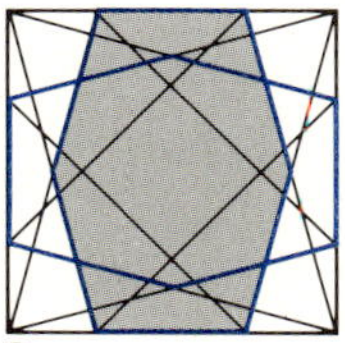
6

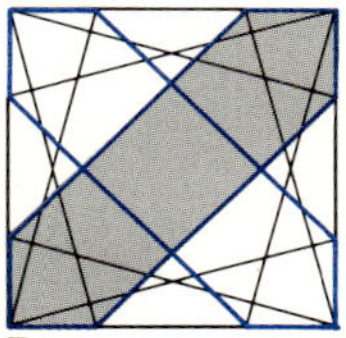
7

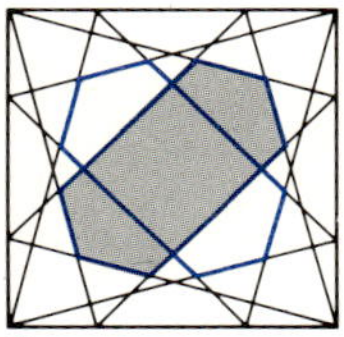
8

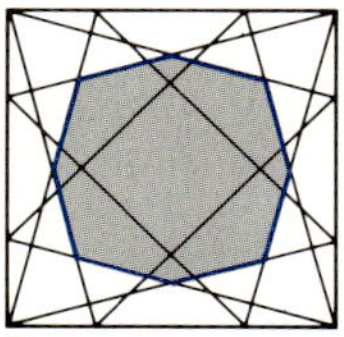
9

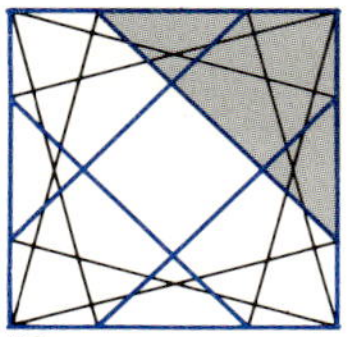
10

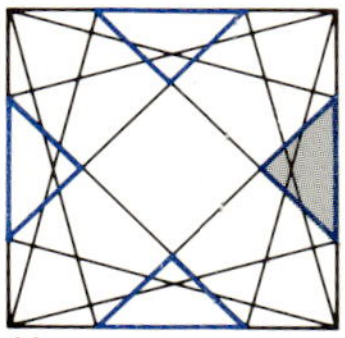
11

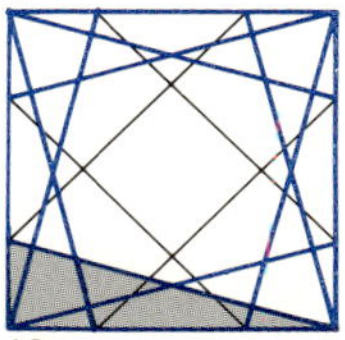
12

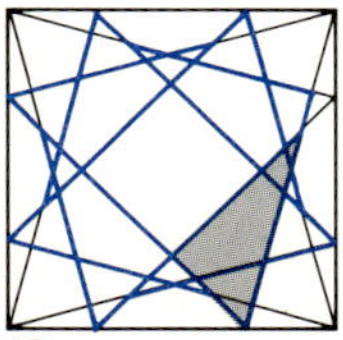
13

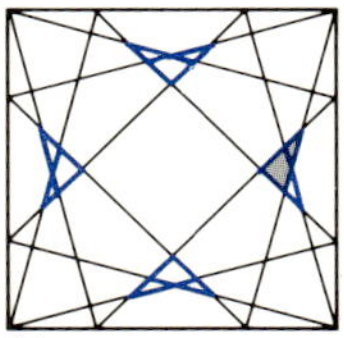
14

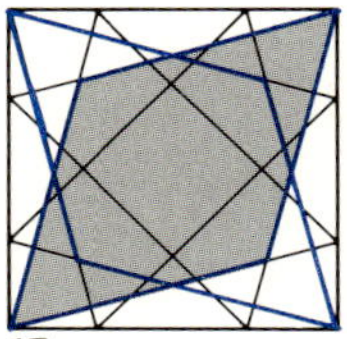
15

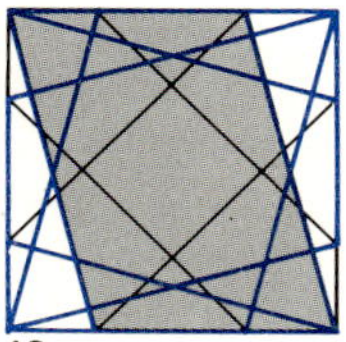
16

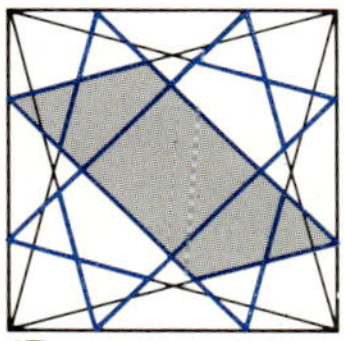
17

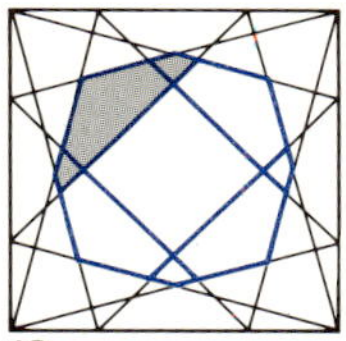
18

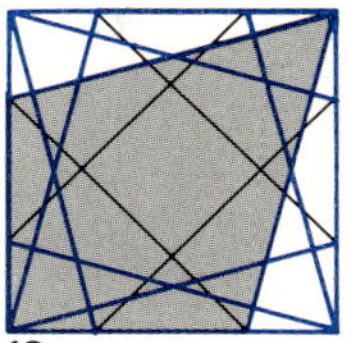
19

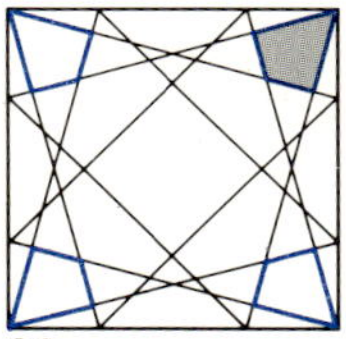
20

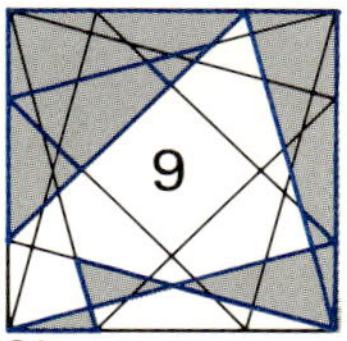

21

Ansichtssache, Seite 38–39

Die richtigen Zuordnungen zeigt die folgende Tabelle.

A	15	E	10	I	14	M	13
B	11	F	12	J	7	N	1
C	8	G	16	K	9	O	4
D	6	H	3	L	2	P	5

ANSICHTSSACHE

Diese Aufgabe verbindet räumliche Vorstellungen mit Logik. Es geht um die Übersetzung einer zweidimensionalen Darstellung in eine dreidimensionale Vorstellung.

Die Darstellung unserer Figuren entspricht ziemlich genau dem, was Architekten bei der Planung verwenden. Es ist der Grundriß und der Aufriß. Für unser Spiel standen nur diese beiden Sichtweisen zur Verfügung. Architekten hingegen betrachten ihre Entwürfe auch noch aus den übrigen möglichen Blickrichtungen. Die Perspektive wird dabei im allgemeinen vernachlässigt.

Zerrbilder 1, Seite 40–41

Die verzerrte Darstellung des Grundmusters sieht folgendermaßen aus.

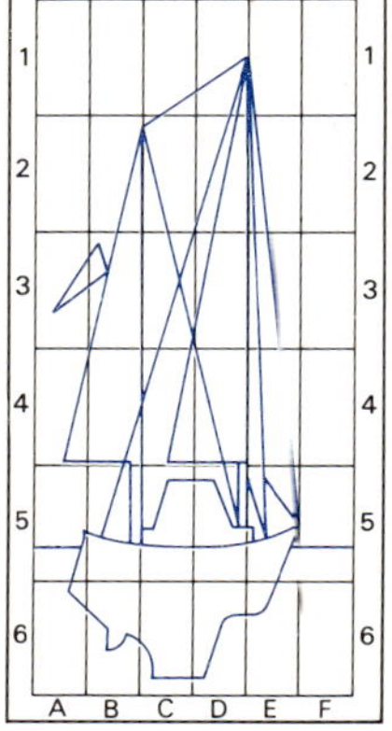

Bild 2

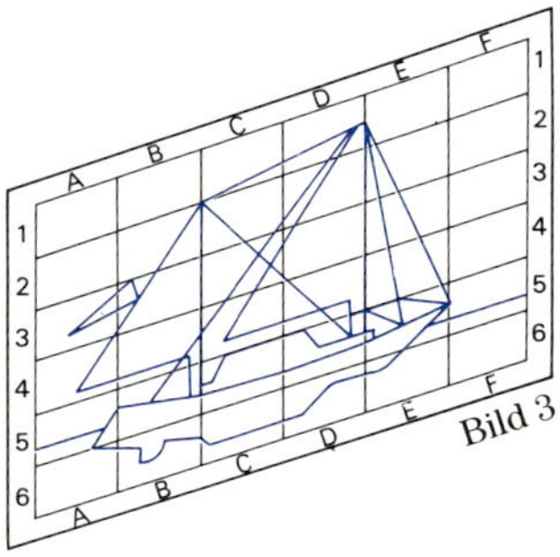

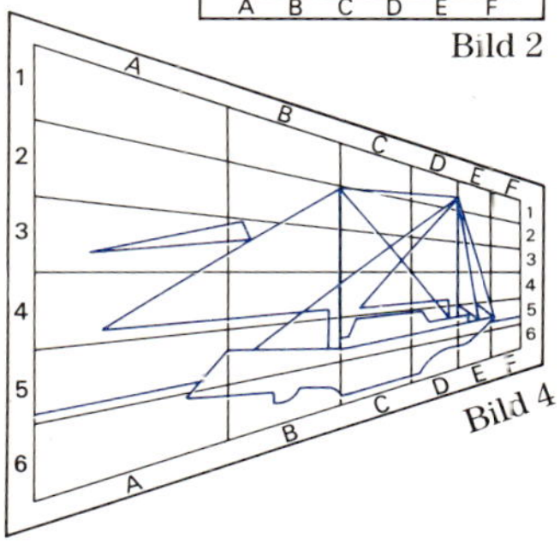

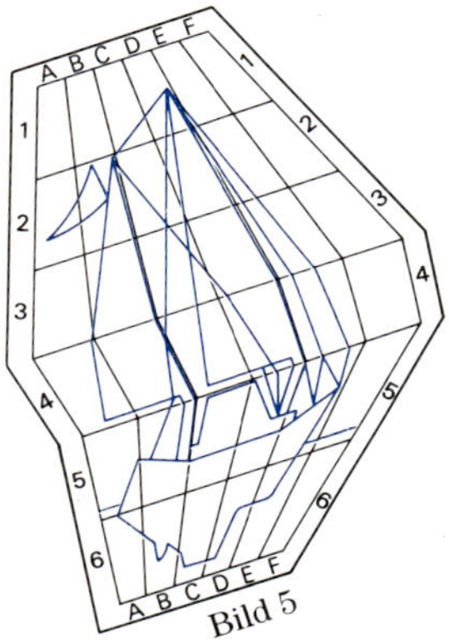

Zerrbilder 2, Seite 42–43

Bild 1

Bild 2

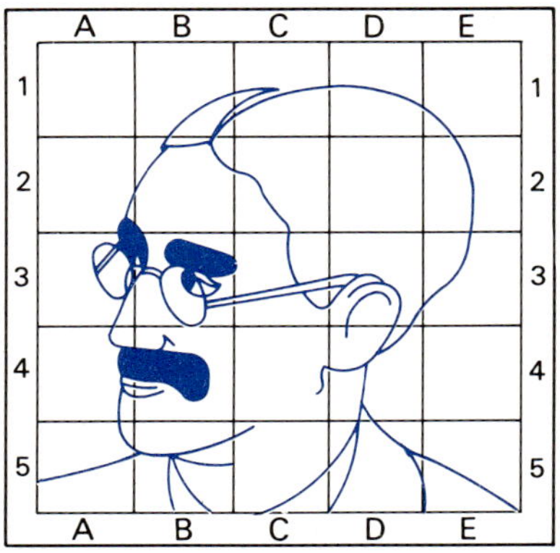

ZERRBILDER 1 und 2

Gegen Ende des 19. Jahrhunderts wurde im Zusammenhang mit der Diskussion um die Theorie von Charles Darwin auch darüber heftig debattiert, ob die Evolution auch eine Folge verzerrter Darstellungen des ursprünglichen »Naturplans« sein könnte. Vieles an dieser Diskussion war hohl und unergiebig. Aber es bleibt die Tatsache, daß die Evolution in vielen Fällen stark an Zerrbilder eines Grundmusters erinnert. Auf der anderen Seite gibt es in der Natur viele Fälle, wo zwei Erscheinungsformen große Ähnlichkeiten zeigen, aber evolutionsgeschichtlich nicht viel miteinander zu tun haben.

Vielleicht macht es Ihnen Spaß, selbst ein paar Zerrbilder zu entwerfen. Verwenden Sie dazu einen zylindrischen Spiegel. Den kann man sich leicht selbst herstellen, indem man um den Kartonkern einer Haushaltspapierrolle eine reflektierende, glatte Folie wickelt. Selbst Darstellungen wie die auf Seite 43 lassen sich damit zeichnen. Natürlich kann auch diese Vorlage selbst mit dem zylindrischen Spiegel betrachtet werden. Ideal ist dazu eine Spiegelrolle mit einem Durchmesser, der dem Beginn der blauen Bildzone entspricht.

Raumfüller, Seite 44–45

Frage 1: Die kleinste Zahl von gleichseitigen Dreiecken, mit der das große Dreieck lückenlos ausgefüllt werden kann ist 11. Als Hinweis sind eben diese Dreiecke über dem Aufgabenfeld abgebildet.

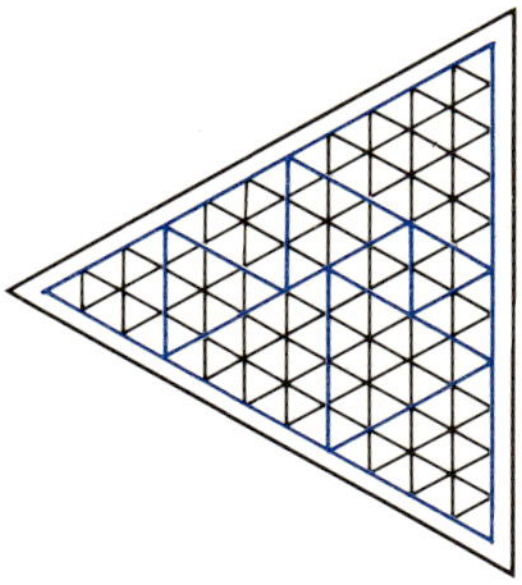

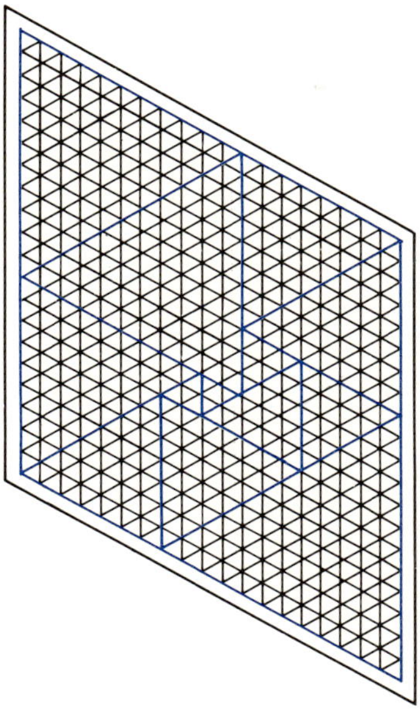

Frage 2: Die kleinste Zahl von gleichseitigen Dreiecken, mit denen das 19 × 20-Parallelogramm aufgeteilt werden kann, ist 13. Auch hier war durch die daneben abgebildeten kleineren Dreiecke ein Hinweis gegeben.

RAUMFÜLLER

Auch diese Art von Aufgaben zeigen die Grundsätze der Kunst, Mosaikflächen auszulegen (siehe *Die Form in der Form* auf Seite 20–23). Die aufzuteilende Fläche kann in verkleinerter Form in ihren eigenen Umriß zerlegt werden; das muß aber nicht sein. Bei unseren Spielen geht es weniger um den künstlerischen Aspekt, sondern mehr um die Vorgehensweise. Die Aufteilung der Flächen mit kleinen weißen Linien war Ihnen sicher dabei eine große Hilfe.

U-Bahn, Seite 46–47

Die kürzesten Verbindungen sind für jedes Problem eingezeichnet.

Spiel 1

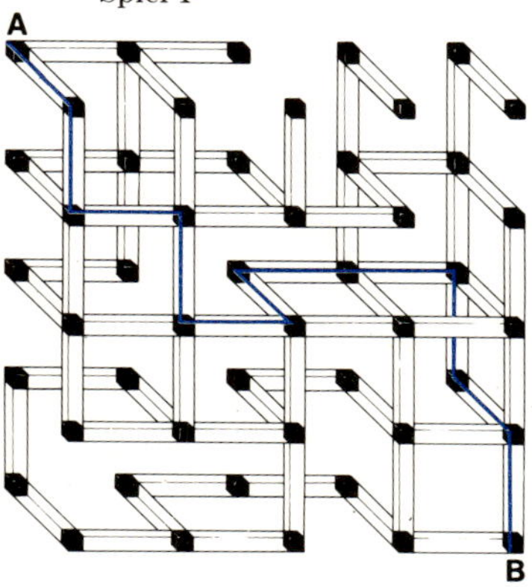

von A nach B = 13

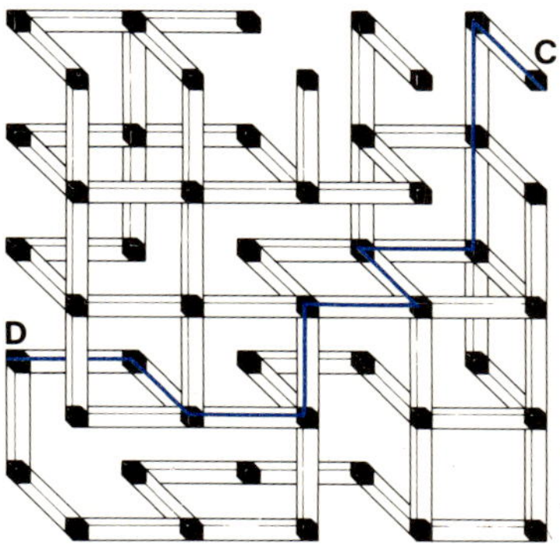

von C nach D = 13

U-BAHN

Man kann diese Spiele beliebig variieren, indem man sich vorstellt, daß die eine oder andere U-Bahnlinie momentan außer Betrieb ist.

Diese Spiele können auch von zwei oder mehr Spielern im Wettbewerb gespielt werden. Jeder startet dabei von einem frei wählbaren Punkt aus zu einem vereinbarten Ziel. Das Rennen beginnt. Jeder ist abwechselnd an der Reihe, einen Zug zu machen. So tastet man sich Station für Station vor. Wer umsteigt, muß zwei- bzw. dreimal aussetzen. Solange ein Spieler an einer Station verweilt, ist diese für die anderen Spieler besetzt. Wer dadurch blockiert wird, muß trotzdem ziehen – und sei es in die Gegenrichtung.

Man kann sich nach dem vorgegebenen Modell beliebige eigene U-Bahnlinien selbst herstellen.

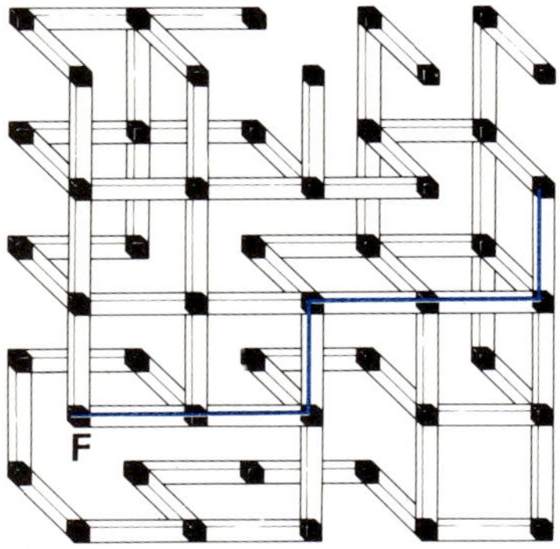

von E nach F = 8

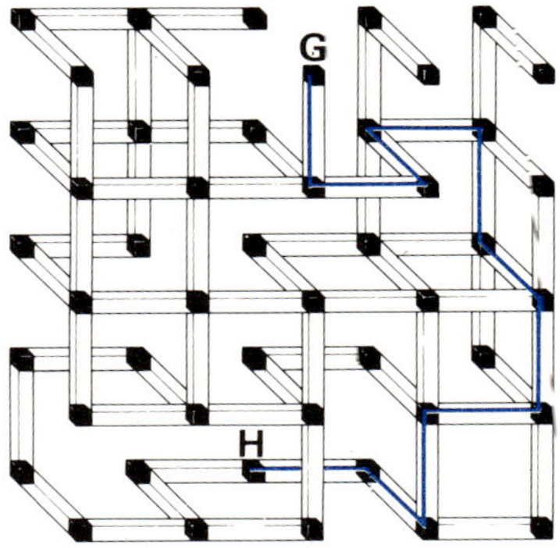

von G nach H = 15

Spiel 2

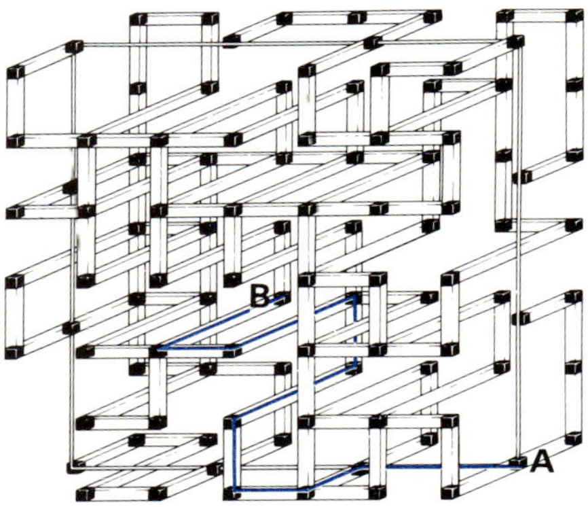

von A nach B = 13

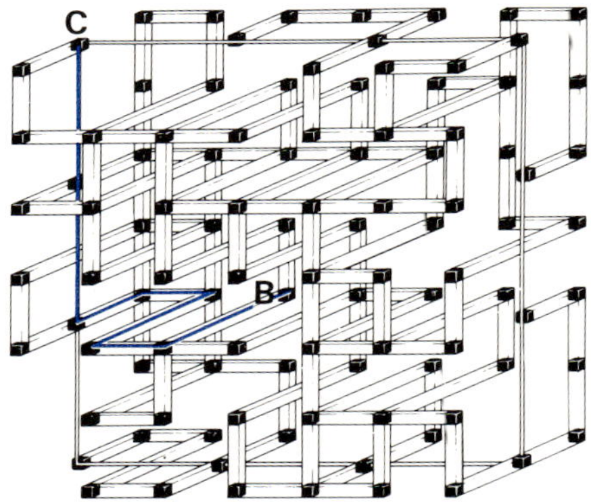

von B nach C = 10

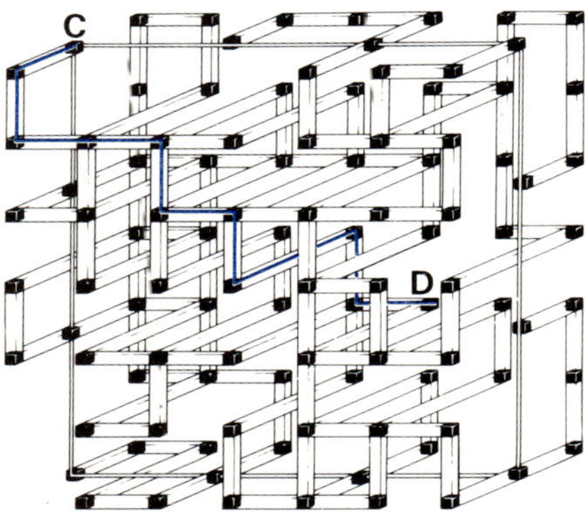

von C nach D = 13

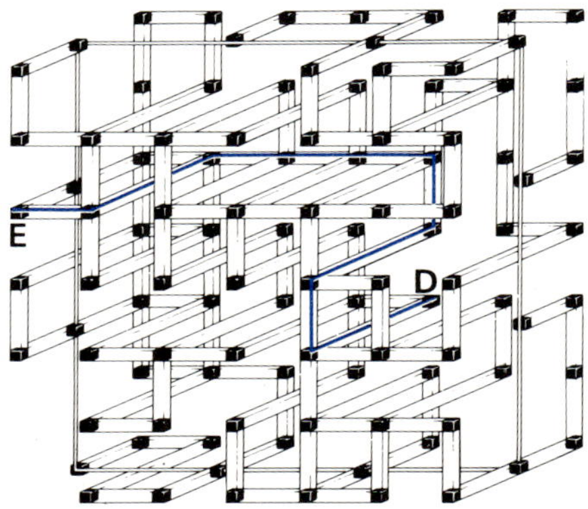

von D nach E = 12

Computergrafik, Seite 48–49

Das von Schritt zu Schritt wachsende Muster ist auf den folgenden Bildern dargestellt. Wenn man sich nicht strikt an die Regeln hält, kommen andere Muster heraus.

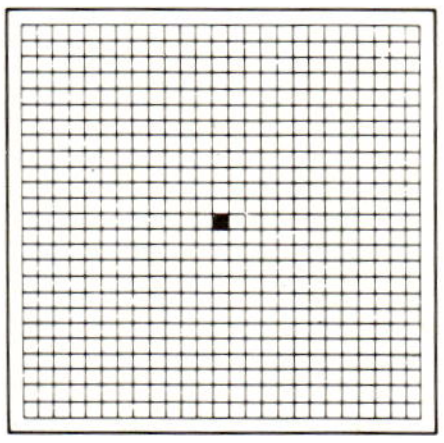
1

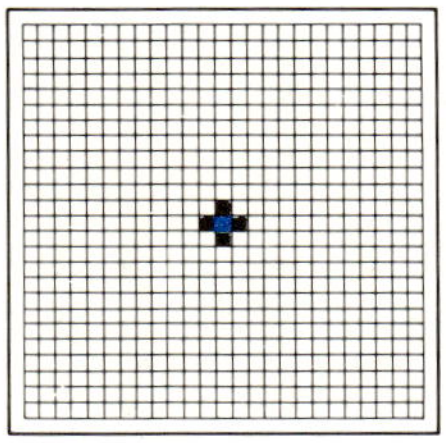
2

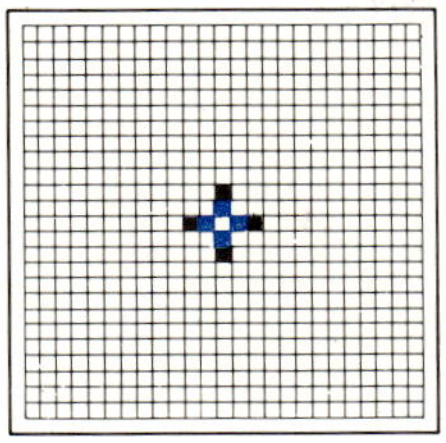
3

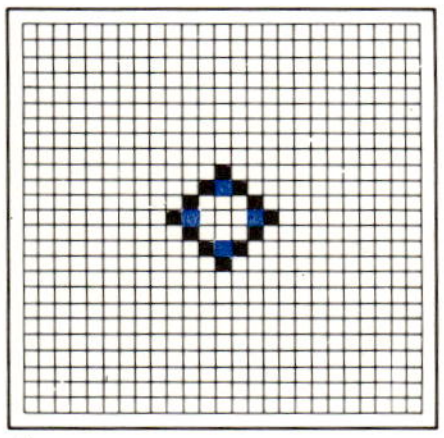
4

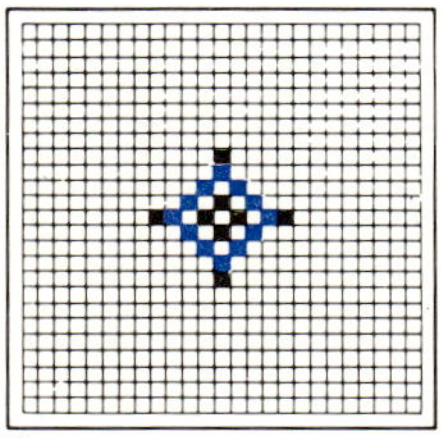
5

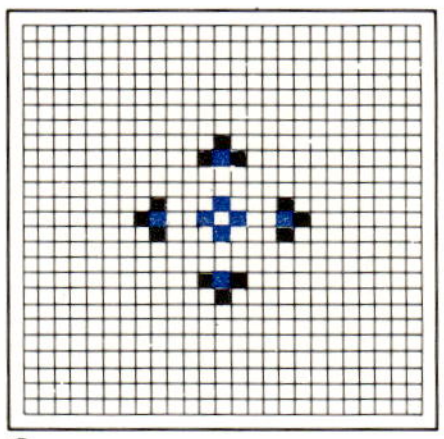
6

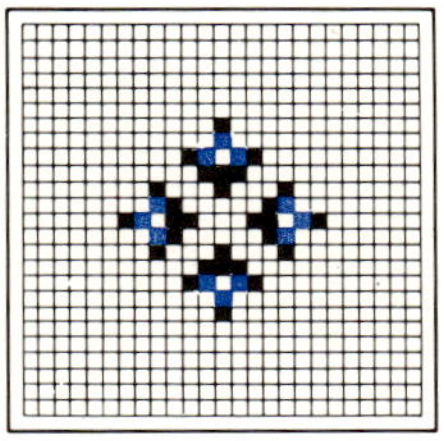
7

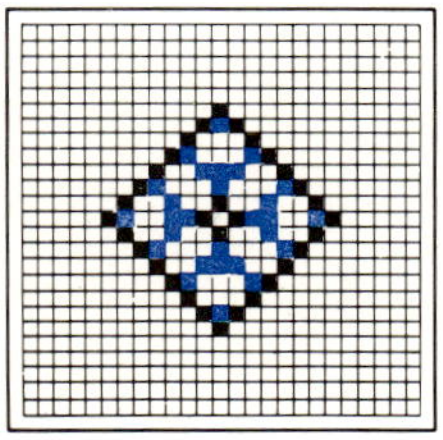
8

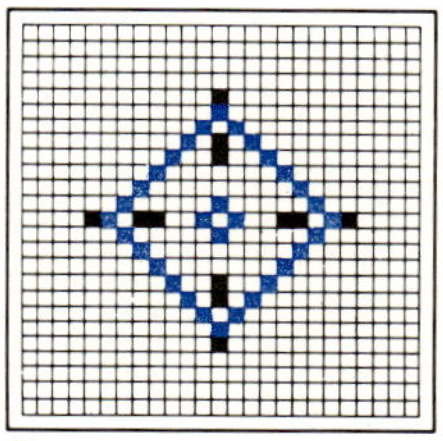
9

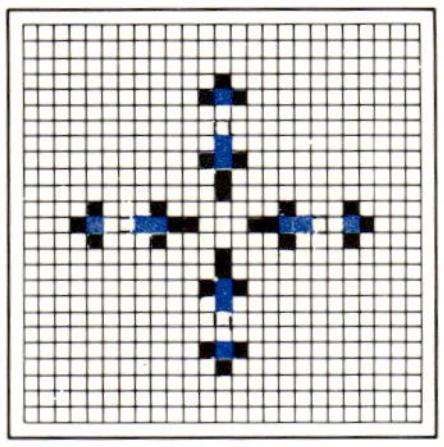
10

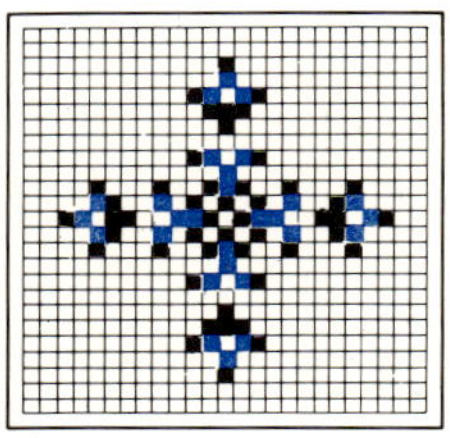
11

ERKLÄRUNG FÜR DIE MUSTER

Es ist leicht, etwas in die Regeln hineinzuinterpretieren, damit der nächste Schritt jeweils so aussieht, wie man glaubt, daß er sein müßte. Wenn Ihr Muster von den hier gezeigten Lösungsschritten abweicht, sollten Sie die Regeln noch einmal sorgfältig durchlesen.

Das Muster entsteht und verändert sich, weil Felder die Farbe wechseln und neue Felder dazukommen. Erinnern Sie sich:

a.) Ein Feld kann nicht wachsen, wenn es von hell- oder dunkelblauen Zellen an mehr als einer Seite berührt wird . Das gilt auch, wenn die berührende Zelle dunkelblau ist und damit im Augenblick verschwindet, in dem das neue Feld entsteht.

b.) Jedes Spiel startet mit einer Ausgangslage. In unserem Spiel ist das eine einzelne Zelle in der Mitte des Bildschirms. Es könnte natürlich auch eine beliebige Anzahl von Feldern in einer beliebigen Anordnung sein.

COMPUTERGRAFIK

Sobald man die Regeln auswendig kann, entwickelt dieses Spiel oft ein erstaunliches Eigenleben. Man kann sich sehr schwer der Faszination entziehen, rasch mal auszuprobieren, wie wohl der nächste Schritt aussehen könnte, was dazu führt, daß jedes im Haus verfügbare karierte Papier mit Kristallstrukturen überzogen wird. Ein Spiel von solcher Einfachheit der Regeln und einer so brillanten Logik hat fast hypnotische Kraft. Die Ergebnisse sind von großem ästhetischen Reiz, vor allem dann, wenn die Zeichnungen größer und komplexer werden. Ich persönlich kann die Bildschirme 12, 13 (siehe unten), 17, 21, 24, 25 und jeden beliebigen weiteren empfehlen. Aber dafür brauchen Sie Geduld!

Man kann auch die Regeln abändern. So ist es z. B. denkbar, das Wachstum jeweils von der »zweiten Generation«, also den hellblauen Feldern, ausgehen zu lassen. Dadurch entstehen völlig andere Muster. In dem Fall müssen die Regeln klar und eindeutig definiert und verstanden sein und dann auch konsequent angewendet werden. Eine interessante Variante des Spiels ist es, mit einer anderen, etwas vielschichtigeren Ausgangslage zu beginnen. Die kann z. B. über eine Achse symmetrisch oder meinethalben völlig wahllos sein. Man kann auch von unterschiedlichen Ecken aus beginnen.

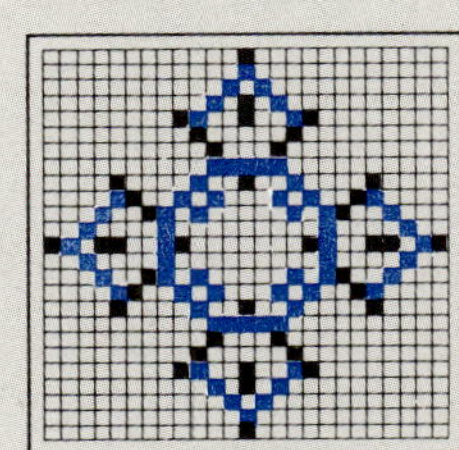

Bildschirm 13

Dieser Band der Reihe handelt von Denkspielen mit dem Zufall, der Wahrscheinlichkeit. Im großen und ganzen sind die Aufgaben in diesem Buch nach vier Gesichtspunkten gegliedert. Dabei geht es um:

1. Einfache Rechenvorgänge, bei denen Muster, Gegenstände oder Symbole verwendet werden.
2. Die Suche nach Gliedern und Verbindungen in Serien.
3. Gesetze des Zufalls und der Wahrscheinlichkeit; vor allem, wenn es darum geht, das Eintreten oder Ausbleiben eines bestimmten Ereignisses richtig einzuschätzen oder vorherzusagen.
4. Das Ordnen, Kombinieren oder Gruppieren von Gegenständen oder Formen nach einem bestimmten Schema, um ein vorgegebenes Ziel zu erreichen.

Mosaik